[美] 罗伯特·卡特三世
[美] 基尔提·萨尔维·卡特 著

李永学 译

掌控清晨

早起的科学
与科学的早起

THE MORNING
M I N D

世界图书出版公司
北京·广州·上海·西安

图书在版编目（CIP）数据

掌控清晨：早起的科学与科学的早起 /（美）罗伯特·卡特三世，（美）基尔提·萨尔维·卡特著；李永学译. — 北京：世界图书出版有限公司北京分公司，2020.11（2023.5重印）
书名原文：THE MORNING MIND：USE YOUR BRAIN TO MASTER YOUR DAY AND SUPER-CHARGE YOUR LIFE
ISBN 978-7-5192-7616-4

Ⅰ.①掌… Ⅱ.①罗… ②基… ③李… Ⅲ.①时间–管理–通俗读物 Ⅳ.①C935-49
中国版本图书馆CIP数据核字(2020)第118163号

THE MORNING MIND: USE YOUR BRAIN TO MASTER YOUR DAY AND SUPER-CHARGE YOUR LIFE by DR. ROBERT CARTER III | DR. KIRTI SALWE CARTER
Copyright © 2019 DR. ROB CARTER III AND DR. KIRTI SALWE CARTER
This edition arranged with HarperCollins Leadership through Big Apple Agency, Inc., Labuan, Malaysia.
Simplified Chinese edition copyright © 2020 by Beijing Qianqiu Zhiye Publishing Co., Ltd.
All rights reserved.

书　　名	掌控清晨：早起的科学与科学的早起
	ZHANGKONG QINGCHEN: ZAOQI DE KEXUE YU KEXUE DE ZAOQI
著　　者	[美]罗伯特·卡特三世　　[美]基尔提·萨尔维·卡特
译　　者	李永学
责任编辑	王　鑫　　刘　虹
特约编辑	王玉春
封面设计	守　约
出版发行	世界图书出版有限公司北京分公司
地　　址	北京市东城区朝内大街137号
邮　　编	100010
电　　话	010-64038355（发行）64037380（客服）64033507（总编室）
网　　址	http://www.wpcbj.com.cn
邮　　箱	wpcbjst@vip.163.com
销　　售	各地新华书店
印　　刷	唐山富达印务有限公司
开　　本	880 mm×1230 mm　1/32
印　　张	10.5
字　　数	210千字
版　　次	2020年11月第1版
印　　次	2023年5月第3次印刷
版权登记	01-2020-2963
国际书号	ISBN 978-7-5192-7616-4
定　　价	46.00元

如有质量或印装问题，请拨打售后服务电话010-82838515

评论者赞扬《掌控清晨》

> 这是一个非常可行的计划,你可以据此开始你的一天,争取最理想的成功与效率。
>
> ——艾玛·塞佩菜(Emma Seppälä),哲学博士
> 《幸福之旅:如何应用幸福科学加速你的成功》(*The Happiness Track:How to Apply the Science of Happiness to Accelerate Your Success*)作者

> 卡特博士的框架和规则将改变你开始与结束一天的方式。
>
> ——西·韦克曼(Cy Wakeman)
> 畅销书作者

一份正统的、以科学为基础的手册，任何人都可以用它来激发自己头脑中未曾开发的潜力。

——马克斯·路加维尔（Max Lugavere）
《天才食物》（Genius Foods）的作者

这本书将释放你体内最大的资源：创造性、想象力，以及取胜的勇气。请用《掌控清晨》珍惜你生命中的每一天。

——凯文·M. 史密斯（Kevin M. Smith）
美国海军退役上校

你有多少次眩晕无力地开始一天的生活？一个高效率的开始将增加你一天的工作时间。卡特博士提供了宝贵的想法，这不仅有利于你开发大脑，同时为你开始一天的生活打下了一个坚实的基础，从而改进工作表现。

——杰拉尔德·格林沃尔德（Gerald Greenwald）
联合航空公司（United Airlines, Inc.）前首席执行官、总裁谨以本书献给我们的父母和兄弟姐妹,感谢他们在本书创作过程中的支持和无条件的爱,同时也献给我们心爱的孩子拉伊什里(Rajshri)。

序言

> 信仰就是即使你看不到楼梯通向何方,也敢于踏上第一级台阶。
>
> ——马丁·路德·金(Martin Luther King Jr.)

新的一天开始了。随着太阳升起,成长、发展与改善的新机遇也在增加。你会不会渴望一大早跳下床来,迎接新的一天?或者说,你会不会按下关闭闹钟的按钮,郁闷地起床,迎接单调乏味的又一天?不管怎样,如何开始一天的清晨,是你每天都要做出的决定。

如果你能掌控每一个清晨,并形成一种习惯,使自己不但能够每天按时醒来,而且能够定义与创造自己想要的生活,那会怎么样?

这本书的写作目的在于帮助你更好地选择早晨做什么——让自己愉快地早早起床,让一日之初最有意义,也让自己精神抖擞。如果你能为新的一天的开始打下一个坚实的基础,那么这将帮助你在生活的各个方面获得成功。

清晨是一天中最关键的时刻,要想最好地利用这段时间,我们首先必须清楚地了解自己身体内部的生物钟(生物节律),以及它在我们的大脑功能中扮演的角色。事实上,我们的大脑、感官和神经系统的各个区域之间一直在进行持续的生物斗争。这对我们能否成功地建立一个新的、赋予我们力量的清晨常规至关重要。我们的目的是学会有效地掌控自己的清晨以及一天中的其他时间。大脑中的每个区域对我们在生活中的整体表现都至关重要,而且它们全都是相互关联、相互依赖的。许多人根本不知道这个最为重要的器官的结构和功能的缺点。通过更好地理解神经科学来学会掌控自己的心理状态,你可以用前所未有的方式提高你的能力。

在一开始,你必须意识到大脑中两种内部力量之间的冲突。这两种力量就是蜥蜴大脑和巫师大脑——它们都存在于你的大脑里。

致谢

《掌控清晨》是我们在科学与医学领域内集体经验、研究、生活、志愿服务和专业训练的结晶。同时,我们也从许多学者、老师、同事、家庭成员和朋友那里学到了一些知识,受到了启发。无论是对于我们夫妇二人的共同发展,还是对于作为专业人员的职业生涯,他们都扮演了至关重要的角色。在这本书中,我们决定把科学研究和文化转化为一套解决现实世界问题的方案,以此帮助人们理解:应该如何利用大脑,从而使自己感觉更好,享受更为充实的生活。

首先,我们要感谢迈克尔·史密斯博士(Dr. Michael Smith)。2010年,我们在史密斯博士的综合生理学实验室中相遇。他不仅是我们的教授,还影响了我们对生理学、标准机制的科学研究以及生命系统中的(各效力之间的)相互作用的理解。

"作为首位盖茨千年学者,我(罗伯特)非常感谢比尔·盖茨和梅琳达·盖茨（Bill and Melinda Gates）夫妇，他们为我的教育提供了资助，'解决了真正艰难的问题'。我同样感谢美国生理学会（American Physiological Society），它为我的教育和工作提供了支持，并解决了影响我的生命和健康的重大问题。"

尽管有关本书的想法都是由我们夫妇二人提出和表述的，但其中呈现的科学依据和概念来自许多睿智的科学家、临床医生和学者的工作成果，这极大地影响了我们对相关人类行为的基本想法。我们还要感谢许多在我们写这本书时为我们提供帮助的人。他们全力地支持我们，与我们讨论问题，在阅读完本书后发表了书面或口头评论，并且允许我们引用他们的观点，还帮助我们编辑、校对与设计本书。我们也对我们的文稿代理人吉尔斯·安德森（Giles Anderson）表示深切的谢意，他在这本书的整个出版过程中一直指导着我们，不断地向我们提出建议。

我们也感谢国际人类价值协会（International Association for Human Values），它使我们成为志愿者，帮助那些承受着生活压力与有生命危险的创伤患者和退伍军人。尤其感谢我们的心灵导师，尊敬的诗丽·诗丽·若威·香卡大师（Sri Sri Ravi Shankar），他传授我们智慧，指导我们生活。

我们无比感谢我们的家人在本书写作过程中对我们的鼓励和无私支持：卡米拉（宝贝）、玛丽、罗伯特、阿什利、沙西卡拉、普莱雅、扑拉桑特、马努基和贾格鲁提。同时，我们也非常感谢我们的女儿拉伊什里，尽管我们很多时候不能和她一起玩，但是她很支持我们。对于我们全家来说，这本书的创作是一个漫长而艰难的旅程。

目 录

- 本书各部分概要 /1
- 前言 蜥蜴大脑和巫师大脑 /3
- 第一部分　生物钟 /001

　第一章　　清晨时分的人体 /003
　第二章　　你鼻子里的生物钟 /017
　第三章　　应激激素和性激素 /041
　第四章　　身体在早晨要高一些 /055
　第五章　　你的大脑在早晨要大些 /065
　第六章　　你的心脏和你的健康 /077
　第七章　　体温的重要性 /087

- **第二部分　清晨的思维和身体**　/ 095

  第八章　　养成并保持自律　/ 097
  第九章　　养成为自己充能的习惯　/ 121
  第十章　　写作的创造性　/ 139
  第十一章　利用清晨的时间　/ 149
  第十二章　采取对清晨有利的姿势　/ 161

● **第三部分　一天中其他时间的机会** /171

第十三章　　锻炼是一剂良药　/173

第十四章　　饮食很重要　/189

第十五章　　我们为什么需要睡觉？　/201

第十六章　　像个大厨一样开始与结束一天：专业的神经科学　/213

第十七章　　注意你的生命能量：有关你的大脑和身体的古代智慧　/227

第十八章　　最后的思考：你做好引领清晨、享受白天的准备了吗？　/247

注　释　/253

关于作者　/303

本书各部分概要

第一部分:生物钟的内容涵盖了清晨在生理学和生物学两方面的功能。我们讨论了人体的生物节律,并研究了在睡着和醒着的时候身体内发生的事情。该部分调查了不同的身体变化对人的实际影响,并就各种活动的最佳时间提出了建议,比如为了让身体有最佳表现,我们应该在什么时候睡觉、起床、吃饭、锻炼身体。

第二部分:清晨的思维和身体的内容涵盖了清晨时人们内心活动的各个方面。我们发现了一些令人着迷的精神工具。你可以通过它们得到最大的好处,包括学会自律、培养其他能够帮助自己的新习惯,以及在清晨写作时得到灵感。

第三部分:一天中的其他时间会将清晨的身体和精神联系在一起。我们研究如何从清晨和一天中的其他时间获得最大的价值,在晚上睡个好觉,并在第二天早上高高兴兴地起床。这一部分内容涵盖了运动、饮食、睡眠、补水、放松和冥想。最后,我们考察了一些世界上的成功人士是如何开始他们的一天的,并进一步向你提供更多的想法与工具,告诉你如何掌控你的清晨。

前言　蜥蜴大脑和巫师大脑

> 大脑是一个神奇的器官。它从你早晨起床的那一刻开始工作，直到你走进办公室时才停下来。
>
> ——罗伯特·弗罗斯特（Robert Frost）

> 无论是从解剖学还是进化论的角度，我们都可以把大脑分为三个不同的部分：爬行动物大脑、哺乳动物大脑和人类大脑。我们将探索这些部分是如何在我们生活中的方方面面起到至关重要的作用的。我们可以通过更好地了解我们的大脑解剖结构、感官生理机能和人体功能，来更好地优化我们的大脑和身体机能。

爬行动物大脑（蜥蜴大脑）

爬行动物大脑（或称R-复合体）位于脊柱顶端，由脑干、小脑和基底神经节组成。人们认为，大脑的这个部分是我们在进化史上还是蜥蜴时就存在的，因此它又被称为"蜥蜴大脑"。它控制着如呼吸、心率等至关重要的功能，同时也控制着生存本能和恐惧等基本情绪。我们大脑中的这个原始部分监督一切能够让我们活下去的功能；然而，它有时也参与破坏我们的计划和目的，并经常阻碍我们前进的步伐。（见下图。）

我们总是出于各种各样的顾虑劝自己不要做某件事，比如事情的风险太大、别人会对自己有不好的评价，以及我们自己可能面临损失（如破产、孤独或死亡），因此我们从不轻举妄动。这就是蜥蜴大脑让我们知道的。蜥蜴大脑不会从错误中吸取教训，它会立即采取行动，而不是在深思熟虑之后做出反应。它就像爬行动物那样持续地观察周围环境的状况以发现潜在的危险，而且每当它感受到威胁时，就快速地占据主导地位，凌驾于更为复杂的思维与行为模式之上。我们在惊惶与恐惧的时候就会出现这种感觉。

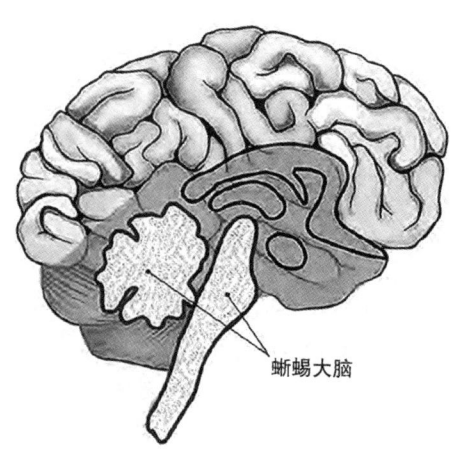

爬行动物大脑

> **原始人**
>
> ✓ 可靠,但往往有些死板、强制
>
> ✓ 控制着生命功能:心率、呼吸、体温和平衡
>
> ✓ 掌管战斗、逃跑、进食和恐惧
>
> ✓ 不需要思考的自然反应

蜥蜴大脑涉及的功能围绕着如何维持生命展开:拥有足够的食物,能够繁衍后代,对感官的输入和新状况做出反应,并在社会阶层中确立自己的地位。为了做到这一点,它采取的是战斗或逃跑的反应。它的行为是自发的、本能的,包括侵略、统治、种族歧视、欺骗、"冷血无情"、生搬硬套、按部就班和保卫领土。[1]从与同事、朋友和家人之间的无谓争吵这样简单的事到和世界大战一样复杂的问题,蜥蜴大脑的反应可能会造成麻烦。

哺乳动物大脑(边缘系统)

沿着进化的阶梯再前进几步,我们在成为哺乳动物时,就开发了哺乳动物的大脑。

边缘系统得名于它看上去像狗的后腿(肢体)。它由海马体、杏仁核和下丘脑组成。当大脑的这一部分进化时,它使我们的行为举止包含得更加广泛。例如,照顾后代、做出价值判断、开发长时记

忆、对形势的反应，而不仅是本能或不假思索地做出反应。能够使我们体会更深层次情感的哺乳动物大脑控制着情绪，如爱、感同身受、希望和其他深刻的情感。

人类大脑（巫师大脑）

当前，我们发现自己正处于大自然宏观进化过程中的一个节点上。在这一过程中，我们从爬行动物进化成哺乳动物，直到成为一个直立行走的物种，我们将它称为"智人"。其拉丁文中的科学术语为"智者"，由现代分类学之父卡尔·林奈（Carl Linnaeus）于1758年首创。[2] 这一跨时代的过程反映在人类胚胎的大脑进化过程中。这三种大脑区域的结构按照顺序进化——爬行动物的大脑最先形成，然后在它周围形成成熟的哺乳动物大脑，接着形成复杂而又迷人的最外层，即"人类大脑"（也就是巫师大脑）。

人类大脑是由左右两个大脑半球和新皮层（即"新大脑"）组成的，是大脑中最重要的区域，占大脑总质量的76%。大脑的这一进化过程打开了思维、语言、感知和想象等各种能力的大门，极大地扩展了知觉，创造了社会和谐。它标志着新人类文化黎明曙光的出现，是人类思维的奇妙发展，因此被称为"巫师大脑"。[3]（见下图。）

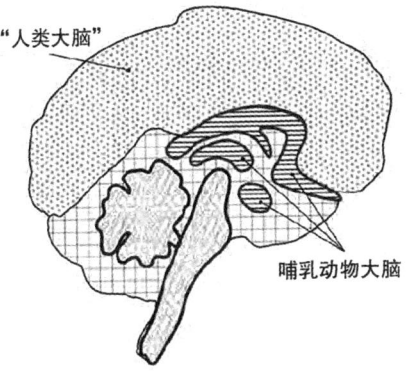

人类大脑与哺乳动物大脑

边缘系统

- √ 人类的情绪
- √ 判断，经常是无意识的
- √ 强烈地影响我们的行为
- √ 情感、动机、长时记忆、嗅觉

新皮层（新大脑）

- √ 两个大脑半球
- √ 人类语言的发展
- √ 抽象思维、想象和意识
- √ 灵活并具有近乎无限的学习能力
- √ 允许人类文化发展

为什么我们应该控制蜥蜴大脑？

如果你必须从一座着了火的建筑物中逃出来，那你当然希望由蜥蜴大脑掌管大权；但如果你是一位必须闯进同一座建筑物中救人的消防员，这时改由巫师大脑发号施令，就会大大地提高你的效率。很显然这样做需要训练。蜥蜴大脑和巫师大脑在帮助你思考和做出明智的决定时都有属于自己合适的位置。创造富有成效而又令人满意的清晨（而且在某种程度上也涉及你的一生）的重大秘诀之一，就是认清蜥蜴大脑和巫师大脑，明确它们中的哪一个在主管大局，并学会按照自己的意愿予以调节。

我们的大脑（特别是蜥蜴大脑）的首要任务是保障我们的生存。应付生活的能力要求我们既要保护自己免受外界的威胁，又要适应生活的波折和考验。因为蜥蜴大脑发挥着帮助我们活命的功能，所以我们全都生来具有这种本能和自发的存活行为。因为这些都是大脑的自动反应，所以我们甚至不需要事前考虑，就会在感觉受到威胁或伤害（无论是精神上的还是身体上的）时自动采取行动保护自己。

人类和其他脊椎动物都有在受到威胁或者伤害时保护自己的本能。爬行动物的应对本能是为了保护自己的生命而隐藏起来或者发起进攻。这种应对行为是动物尝试通过显露攻击性的行为来表明自己比其他动物更强大，如用身体上或者心理上的暴力威胁。例如，有的人会在一群人中显示自己的统治地位，或者嘲笑其他人的不幸。

从在操场上打架的学生身上,或者威胁并伤害其他人的霸凌者身上,我们都可以看到这种蜥蜴式行为。

愤怒是蜥蜴大脑的另一种自动反应,可以被用来威胁他人,阻止别人伤害或者控制自己。当我们表现出愤怒时,不仅是在威吓别人,也是在为战斗做准备。对于人类来说,带有攻击性的行为和情绪(如愤怒)会通过释放应激激素,使体内的血压上升、心率加快(这能让我们开始战斗或者逃跑)。

爬行动物和哺乳动物(包括人类)都有蜥蜴大脑,它能激发愤怒来保护自己,使自己或者自己的后代免受其他动物的伤害。在感情受到伤害时,人类经常会不明原因地感到愤怒。如果在"愤怒"(anger)前面加上字母"D"就变成了"危险"(Danger),通过这种方法,我们可以牢记应激大脑的这个部分。这就是当我们处于危险的情况时,我们的蜥蜴生存大脑是如何让我们表现出愤怒的。

恐惧是一种帮助我们避免威胁、伤害或者死亡的本能的、原始的反应。如果远足时突然与一头野熊或者美洲狮狭路相逢,我们都会由于生命受到威胁而感到恐惧。根据以往的经验,我们知道一些能够伤害我们的事情,同时也害怕这些事情发生。如果触碰了一只灼热的炉子,我们就会本能地感到恐慌、害怕。还有一些很多人都害怕的东西,如会隐藏起来并咬人的蜘蛛和其他昆虫,以及蛇和其他野生动物。如果持续地害怕某种事,我们就可以将这种感觉称为恐惧。

当我们感觉自己受到伤害、威胁,或者被抢走了珍贵的东西之后,蜥蜴大脑的冲动就是复仇或者报复他人。复仇几乎总是会导致人与人之间出现更多的暴力,因为冲突双方都在蜥蜴大脑的驱使下,更加凶恶地恐吓对方。蜥蜴式的复仇会驱使我们惩罚他人或团体,因为我们遭到了他们的行为或者言语的伤害。

我们知道,一次蜥蜴式的攻击可以很快地转变为激烈的冲突,甚至挑起团体乃至国家之间的战争。复仇源于原始的蜥蜴大脑的应激本能,如果我们不学会控制这些本能,它就会让我们仇恨或者攻击特定的类型或者群体,甚至整个文化。在这种极端情况下,受到蜥蜴大脑控制的人们往往会展开复仇。

蜥蜴应激大脑保护我们的简单方式之一,是寻求他人的合作。在青少年和成年人中,这可能意味着参加某个组织,在体育运动或者其他竞争比赛中战胜或者压倒另一个团队。进入大学或者加入职业运动队都是蜥蜴大脑驱使我们走向部落主义的例子。大多数的职业运动队是以某些城市命名的,并且拥有这些城市的粉丝。当来自不同城市的运动队进行比赛时,它们之间会发生激烈的竞争,这些相互竞争的团队成员的蜥蜴大脑在支持并保卫他们的"部落"时能够充分地发挥作用。

我们的蜥蜴大脑具有领土意识。它不仅能促使我们保护自己,而且能通过捍卫生活空间来增加我们的安全感。这就是为什么人类和其他动物经常为了保护自己的家庭、家园或土地而战斗。蜥蜴大脑的部落主义可以通过成为社会群体、国家、宗教或政党的一部分来加强我们的社会认同感。领土行为的另一种类型是排斥和批评与我们不同的人或者我们群体之外的人。

蜥蜴大脑的本能超出了我们的生存需要。当我们在选择配偶并生育后代时，它使我们自己的本性和物种得到持久的保护，并生存下来。所有的脊椎动物，包括人类，都倾向于与同类生物进行交配。我们有一种能够驱使我们繁衍后代的本能。我们经常会被与我们有着共同的品质和具有值得称赞的特征的潜在伴侣吸引。因此，当我们组建家庭后，就会生出像我们的孩子。

蜥蜴大脑能够很快地将我们所遇到的人进行分类，如朋友、敌人、食物或性目标。尽管做出这些区分可能很有用，但蜥蜴大脑缺乏只有大脑的高级思维中心才具有的深度理解能力。如果我们放任蜥蜴大脑独自占据主导地位，那么它通常会起反作用，可能会导致我们的身体出现不良的健康状况，也会使我们在实现个人目标方面缺乏控制力，并且经历很糟糕的清晨状况。如果没有其他相应的大脑功能帮助控制蜥蜴大脑的本能冲动，我们在受到威胁或伤害时就总是会像蜥蜴或短吻鳄那样行事。

既然已经了解了蜥蜴大脑是如何以及为什么以这种方式工作的，那我们现在就可以开始考虑，如何使用巫师大脑才能让我们变得异乎寻常地强大。在准确地揭示如何管理蜥蜴大脑之前，我们需要仔细看看，我们的身体和大脑在清晨发生的第一件事是什么。激发这种有洞察力的自我认识，将使你在进入巫师大脑时处于指挥地位，以减少蜥蜴大脑的影响。

我们接下来将教你如何像"黑客"一样进入让你与动物界的其他成员区别开来的巫师大脑。通过"入侵"巫师大脑，你可以出众地完成任何你想做的事。你的巫师大脑将会很乐意为你提供周密的推理，它将会与计划和交流能力相结合，从而保证你不受蜥蜴大脑的控制，追求自己的目标、梦想，以及对你的生活来说真正重要的东西。这将会使你在清晨时分高高兴兴地醒来并开始新的一天。

开始与巫师大脑连线

蜥蜴大脑的行为是自发的。大多数进入蜥蜴模式的人不知道这种转变是从什么时候开始的。他们以为他们的行为出自自己的本意，在认识到自己大脑中的这个古老的部分才是他们行为的罪魁祸首之前，没有途径知道如何才能控制自己的蜥蜴式行为。

认知是脱离蜥蜴式行为的第一个关键步骤。一旦理解了它是如何运作的及产生这种行为的原因，我们就可以远离蜥蜴行为，减少它对我们行为的影响。当我们因为受到某种外界的刺激而进入战斗状态或做出逃走反应时，蜥蜴大脑会把由巫师大脑供应的氧气转移到我们身体需要做出反应的各个部位。这是让我们的巫师大脑回归领导地位的关键,从而可以为蜥蜴大脑提供更多的氧气。我们可以通过冥想或者放松做到这一点,特别是呼吸(我们将在后面的内容进一步探讨这些技能和概念)。

我们的呼吸与我们的情绪状态是相互关联的:每一种情绪都有与之对应的呼吸模式。[4] 呼吸包括三个阶段:吸气、呼气和一个停顿。这三个阶段之间的动态过程决定了我们的情绪状态。人们在生气时,起先呼吸缓慢,继而变得急促,通常采取大喊大叫等具有攻击性的形式表达,之后经历一次较长的停顿。抑郁时的呼吸是短而浅的。大脑这时始终无法得到充足的氧气,于是我们的洞察力就变得迟钝了。

在受到某种新事物的启示时,我们会在不知不觉中吸一口气并屏住呼吸(我们突然"无法呼吸"了),接着缓慢地呼气,再短暂地停顿一下。当我们兴奋或焦虑时,呼吸会变快,并且其间的停顿也会变短。因为我们往往注意不到自己的呼吸情况,所以我们识别与处理如紧张、愤怒或者抑郁这些由蜥蜴大脑引发的情绪的能力便降低了。当我们有意识地让自己以一种从情绪上能够支撑我们的方式呼吸时,就会增加大脑的血流量、激活巫师大脑。因此我们可以绕过蜥蜴大脑,从而更加清晰地、冷静地思考,并应对局面。

同样,冥想也可以促进人体分泌更多的多巴胺和血清素这类让人感觉良好的神经递质（人称"快乐激素"），让我们可以回归到一个更协调、更平和的精神与情绪状态。我们的蜥蜴大脑想要留在自己的舒适区里，想有良好的感觉，而增加积极的神经递质可以减少焦虑，安抚蜥蜴大脑的恐惧。冥想能够消除部分焦虑和抑郁。丹麦的约翰·F.肯尼迪学院（John F. Kennedy Institute of Denmark）的一份研究发现，参与练习瑜伽冥想的人的多巴胺水平会升高，这种激素会让人心情愉悦，积极性增强。日本东邦大学医学院（Toho University School of Medicine）的一个团队对采取禅宗冥想的人进行了研究，发现他们在冥想时5-羟色胺水平会明显提高。[5]

美国斯坦福大学（Stanford University）做了另一项研究，对象是一批从阿富汗和伊拉克战场归来的老兵，他们患有创伤后应激障碍（post-traumatic stress disorder, PTSD）。从本质上说，造成创伤后应激障碍的原因是蜥蜴大脑经历了创伤事件受到过度的激化，结果造成了长期的紧张反应。这一研究跟踪观察了这些老兵在一个星期内练习进化呼吸法（Sudarshan Kriya Yoga）的情况。[6] 结果发现参加者的焦虑和创伤后应激障碍有所缓解。毫无疑问，这些简单的方法是有效且免费的选择，可以替代"对患有创伤后应激障碍的退伍军人进行的成效有限的常规治疗"。通过运用这些技巧，练习者有可能获得与积极向上的情绪状态相关的呼吸模式。

第一部分

生物钟

第一章
清晨时分的人体

> 我相信,任何事情的发生都是有原因的,尽管我们有时候不够聪明,看不出原因所在。
>
> ——奥普拉·温弗里(Oprah Winfrey)

在你清晨醒来之前,你的身体经历了一个复杂的过程,但你的大脑对此全然不知。人类的身体是一个具有灵性的机体,是由数以万亿计的细胞组成的,其中每一个细胞都有自己的智慧和责任。我们身体中的所有细胞都有自己的"细胞时钟"。这些时钟负责帮助每个细胞调节发挥其功能的时机和机制。例如,它们管理着能量的消耗,以及DNA(脱氧核糖核酸)的修复和复制等过程。

我们身体内的许多主要器官也有自己的生物钟。这种计时功能每天都在我们的思考、感觉和行动等方面扮演着重要的角色。了解生物钟内部的工作原理,是加强自我认知的一种常规的、强有力的方法。它能够帮助你改善昏昏欲睡的清晨状态,从而使之成为每一天美妙的开始。

影响身体的生物节律

生物节律也就是"生物钟",指的是我们身体受24小时节律控制的过程。这些节律也适用于其他生物,如植物、动物。当前,虽然关于这些节律的知识体系还远远不够完善,但我们所知道的知识已经让人心驰神往。最近的一些证据表明,我们的生物节律的周期或许比以前设想的24小时更长。人类的身体是否有可能与地球的运转具有不同的步调?

生物钟调节生物体的苏醒、进食、睡眠等生理过程,并调节免疫系统和主要器官的功能。这些过程虽然是由生物体内部决定的,但也会对外界的光、气味和温度等信号做出反应。

如果生物钟的自然节律受到了干扰,就可能造成很多健康问题,包括增加肥胖、心血管疾病和抑郁症的患病风险。认识这些自然节律,在每天恰当的时间段里充分利用它们,能够帮助你与你的身体协调地工作。你对自己的体能水平和生物节律的效应知道得越多,就越能够对自己的日常活动做出更好的决定和计划,尤其是在清晨。

中医学认为,生物节律不仅决定着免疫系统的健康,而且决定着每个器官的健康。生物节律决定了每个器官在一天中功能发挥水平的高峰与低谷。从本质上说,生物节律管理着生物治疗与器官修复的内在注意力,而每个器官每天都有自己的行为时间段。

下面是一份表格,罗列了各个器官和它们在一天中的高峰行为时间段。在这段时间中,每个器官或系统都在进行修复。

时间	器官	时间	器官
23:00—1:00	胆囊	11:00—13:00	心
1:00—3:00	肝	13:00—15:00	小肠
3:00—5:00	肺	15:00—17:00	膀胱
5:00—7:00	大肠	17:00—19:00	肾
7:00—9:00	胃	19:00—21:00	心包(心包膜)
9:00—11:00	脾	21:00—23:00	三焦

要找到每个器官的低谷行为时间段,只要交换同一行中两个器官的位置即可。例如,13:00—15:00是肝活动的低谷行为时间段,此时却是小肠活动的高峰行为时间段。这也就解释了为什么各个器官因功能低谷期而出现健康问题的时间是可以被预测的。肺在3:00—5:00排出废物,这会导致有些人每天在凌晨这段时间内咳嗽。大肠在5:00—7:00全力工作,这是你的身体最需要水来帮助你净化的时候;这也是你最不应该摄入咖啡因的时候,因为它会让你的身体脱水。你要知道,喝咖啡并不是让你早上醒来的最有效的方法。

但幸运的是，我们有一些同样有效而且没有副作用的替代方法。然而，咖啡的香味可能会令人着迷，并会对大脑的功能与清晨的心情产生深刻而积极的影响。是的，如果你一口咖啡都不喝，这反而会对你的身体大有好处！

胃在7:00—9:00勤奋工作。有些人认为这是吃早饭的最佳时间；但也有人建议等一会儿再进食，让胃在这段时间里进行自我修复，我们先慢悠悠地喝点热饮料就可以了。例如，喝带有一点儿姜的水或者不含咖啡因的茶，这会大大有益于清晨补水。

脾在9:00—11:00进行自我清洁，这段时间是人们最容易患流感或发生变态反应的时候。21:00—23:00是以中医学为基础的"三焦"——虽然还未被西方医学完全认可——正在全力工作的时间。在东方哲学中，三焦在五脏（心、肾、肝、肺和脾）中起到复杂的沟通与同步的作用，并被认为负责监督我们的营养健康和免疫功能。此外，该理论认为，三焦对于维持这些器官系统之间以及它们与外部环境之间的沟通具有重大作用。10:00前后，心脏在发挥了它作为三焦成员之一的积极作用之后，开始进行自我修复。这也正是一天中心脏病发作的高频时间段，尤其是在中年男性中。

经过大概了解后，我们可以发现，在生物节律监督身体资源的统筹分配的时刻，身体会发生何等复杂而又巧妙的变化。这也让我们明白了弄清楚身体内部的各个器官在一天中的工作流程，以及能量在什么时候处于最高与最低的水平是何等重要。

控制节律：内在对抗环境

生物节律是由多种内在因素和外在因素控制的。在身体内部，这些节律有一个"主生物钟"，位于下丘脑中。具体地说，它在视交叉上核（suprachiasmatic nucleus, SCN）的神经细胞中。这是负责协调整个人体中的复杂过程的"大老板"。

近年来，科学家们发现我们每个人都有一个以我们自己的遗传基因为基础的独特的生物节律。这造就了我们的生物节律的内在元素。与此同时，视交叉上核会受到外部环境——光的影响。正是由于遗传与环境的共同影响，我们身体的机能才会一直保持最佳状态。

生物钟形成的一个关键要素是褪黑素和皮质醇这类激素的产生。褪黑素是松果体在夜间产生的，这是因为松果体需要在黑暗环境中合成这种激素。褪黑素可以调节睡眠和生殖周期，但如果人们睡眠不足或者生物钟因作息时间（如在夜间工作）而紊乱，这两个循环就会失去平衡。褪黑素大约是在21:00开始分泌的，这时我们的理想状态是放轻松，关掉电子设备（"将电子设备调成飞行模式"），准备上床睡觉。

虽然熬夜看电视极具诱惑力，但不利于我们的身体保持最佳的工作状态。俗话说"早睡早起身体好"，这句话是有道理的。事实上，我们家在几年前就已经把电视机（或者说"浪费时间的利器"）从卧室里搬了出去，以防我们受到再看一集喜欢的电视连续剧的诱惑。

饮食、睡眠或者运动的最佳时间

我们日常生活方式的需求经常与让我们的身体有最佳表现的节律相矛盾。幸运的是，明白这些自然周期能够帮助我们安排一天中最基本的活动：饮食、睡眠和运动。如果你能成功地根据生物节律制订你的时间表，那么这不仅有利于你的健康，还能极大地提高你的工作效率。

让苏醒与入睡的时间最佳化

每天早上起床的最佳时间因人而异，但根据不同的年龄段还是有一些不同的指导意见。随着身体的成熟与年龄的增长，我们的生物节律会有相应的调整，最佳起床时间也会相对提前。牛津大学的研究人员保罗·凯利博士（Dr. Paul Kelley）研究了人们在不同年龄段的睡眠周期，得出了以下关于每个年龄段的最佳苏醒时间的结论。[1]

年龄段	最佳苏醒时间	最佳入睡时间
13—19岁	10:00	0:00
20—29岁	9:30	1:00
30—39岁	8:00	23:40
40—49岁	7:30	23:30
50—59岁	7:00	22:30
60—69岁	6:30	22:00

参照现代社会中占主导地位的朝九晚五的工作模式，他的发现是相当令人吃惊的。凯利博士就这一窘况的评论是："我们生活在一个睡眠时间不足的社会里。这严重地损害了我们身体的各个系统，因为它影响了身体的生理、情绪和行为系统……我们无法改变24小时的节律。"[2] 当我们处在长身体的青少年时期时，我们的生物节律在生理上就已经形成了大约在0:00入睡，在10:00起床的习惯，这是我们生活的理想时间。当我们睡眠不足时，体内的皮质醇（一种应激激素）水平会升高，同时神经递质水平会降低，从而导致精神不集中，以及这个年龄段群体的"情绪化"行为的增加。

我们的生物节律与绝大多数教育机构的时间安排有所冲突，后者开始得早得多。然而在那时，青少年和儿童的大脑还没有做好接收信息的准备。[3,4] 作为英国一所学校的校长，凯利博士发现，在把上课时间推迟到10:00后，孩子们的考试成绩提高了19%。[5] 想象一下这对你生活中的方方面面可能产生的影响。仅仅是当时间安排与你身体的自然节律保持协调时,你就能变得更加出色。随着年龄的增长,尤其是在30岁以后,我们的睡眠时间变少了。好在只要早点睡觉,我们的生物钟就会进行调整,我们也会从中受益。[6, 7, 8]

最佳进食时间

最佳进食时间会给我们的身体提供一个机会——在上床之前很好地消化食物。[9]几点起床决定了我们几点吃早餐。举个例子,如果你像青少年那样晚睡晚起,那么早餐就吃得清淡一些,主要靠午饭和晚饭获得每日所需的热量,这样对你的益处更大。[10]反之,如果你像五六十岁的人那样早睡早起,那么一顿能够为你白天活动提供能量的丰盛早餐搭配一顿简单的晚餐更合适。[11, 12]

年龄段	最佳晚餐时间
13—19岁	22:30
20—29岁	21:30
30—39岁	20:00
40—49岁	20:00
50—59岁	19:00
60—69岁	18:30

最佳运动时间

你们当中或许有些人认为,根本就没有什么最佳运动时间。你或许更喜欢完全不进行锻炼,或者把运动"外包"给进行马拉松长跑锻炼的邻居。然而,进行体育活动的最佳时间是下午至晚上,这段时间的生物节律或许能帮你把这项你毫无兴趣的活动变得更容易让人接受。在这段时间里,你的体温会升到最高点,肌肉也会做好准备一显身手。此外,这时你体内的睾酮水平处于峰值,而皮质醇的分泌处于最低值,因此体能潜力会增加。如果你长期处于疲惫状态,那么,每天较晚的时间段是利用人称睾酮/皮质醇比值(简称T/C比值)这一激素动态的最佳时机。这一比值通常被用来描述效率,T/C比值表明,你的身体做好接受训练的最佳准备与从运动的疲劳状态中恢复正常的时间有关。[13]请注意,这只是一般性的指导意见,并不适用于所有人,毫无疑问,有些人会发现他们的作息时间并不符合以下这张时间表。这是因为他们独特的生物节律不适合这种节奏的时间安排,至少他们是这样想的。[14, 15]

年龄段	最佳运动时间
13—19岁	18:30
20—29岁	17:30
30—39岁	16:00
40—49岁	16:00

（续表）

年龄段	最佳运动时间
50—59岁	15:00
60—69岁	14:30

避开不好的时机

在知道一天中各种活动的最佳时间后,我们能清楚地看到,在某些时间段内最好避免做哪些活动。我们所表现出的某些行为根植于我们的社会规范,但从生物学的角度来看,它们并不能完全让我们获取最大利益。

影响我们生物节律的最大外界因素是光,而我们的行为与太阳的起落是否保持一致会影响我们的正常活动。人类正在面临的一个重大问题与来自屏幕和其他科技设备的人造光有关,因为人造光会让我们的生物钟紊乱,让我们认为这一时间应该保持清醒。这是因为光线会抑制控制睡眠的褪黑素的释放。更糟糕的是,人造光的刺激通常出现在白天结束的时候,而这正是我们应该放松下来准备睡觉的时候。

熬夜的一个普遍副作用是在清晨摄入咖啡因。一项发表于《科学转化医学》(*Science Translational Medicine*)杂志上的研究报告指出,研究人员发现,摄入咖啡因也能够推迟褪黑素的夜间释放,形成熬夜的恶性循环,使人早上感到更为疲惫,因此更热衷于饮用咖啡。[16]

皮质醇水平在7:00—9:00达到峰值,这刚好是有些人选择摄入咖啡因的时间段。皮质醇是让人体振作的自然方式,因此,体验这种双重剂量的刺激性化学物质会增强耐受性,并降低二者的效力。因此,如果你必须喝咖啡或者其他含有咖啡因的饮料,那么最佳饮用时间是皮质醇水平下降的时候,即9:30之后,11:00之前。

通过皮质醇觉醒反应(CAR),皮质醇在你醒来的过程中扮演了重要的角色。[17]人们知道,海马负责调节清晨的皮质醇水平并使其提高,但是它运作的确切方式尚不为人知。德累斯顿工业大学心理学系(Dresden University of Technology's Department of Psychology)的研究人员推测,皮质醇觉醒反应背后的机制与海马将外界环境信息传递给中枢神经系统的能力有关,如对环境的认知和如何在现实世界中确定行动的方向与路线。海马有认知情境、预测白天活动的能力,这可能在皮质醇觉醒反应中起着重要的作用。这表明,大脑和影响我们清晨活动的生物节律之间存在着复杂而多变的关系。[18]

小结

我们对于如何生活总有自己的抉择。如果你能完全理解如何按照生物节律展现最佳的状态,这就意味着你可以制订一份时间表,它将为你打开一扇大门，使你有更好的表现，帮助你更有效地利用精力。如果你能在自己的身体真正需要食物的时候进食，那么身体在消化食物上需要做的努力也就较少，得到的能量就会更多。

为了改善能量的消耗情况，你可以立刻在日程表上的哪些方面做出改变呢？

巫师大脑的小·建议

» 人体是一台复杂的机器，是由它自身的生物钟调节的。

» 生物钟（或者说生物节律）是由外界因素（如光）和内部因素（如基因）控制的。

» 人体的主要器官有清理废物和增加能量的时期，它们各自处于一天中的不同时间段。

» 褪黑素的产生对于调节睡眠模式是至关重要的，它需要在黑暗环境中才能生成，因此在睡前的几个小时内尽量不要暴露在人造光的照射下。

» 饮食、睡眠和运动的最佳时间是不同的，这取决于你的生物节律，且生物节律因年龄而异。

» 我们现在大部分的生活方式都与不规则的清醒和睡眠的周期相关联。这让我们无法与自然周期保持平衡，并可能导致健康方面的问题。

» 我们会在早上受到皮质醇这种可以让我们振作的天然化学物质的刺激，因此饮用咖啡的最佳时间是在这种天然刺激消失之后，即9:30之后。

第二章
你鼻子里的生物钟

睡眠结束了精神错乱,是个好兆头。

——希波克拉底(Hippocrates)

《希波克拉底誓言》(The Aphorisms of Hippocrates)

生物节律也叫生物钟,能调节的东西远不止清醒与睡眠的模式。科学家们很快发现,这些自然节律对各种各样的生理过程具有深远的影响。生物节律会影响我们的激素分泌、情绪、集中注意力的能力,以及我们日常生活中许多更为重要的方面,甚至我们的感官也会受到这些生物节律的影响。[1]

直到最近,人们还认为嗅觉灵敏度的变化(即对气味的感觉)仅仅取决于个人。以前人们相信,尽管在嗅觉上具有明显的差别,但每个个体都有发现气味的特定阈值,除非患有感冒或其他能够明显地影响鼻子嗅觉的情况。尽管情绪状态对我们的嗅觉能力具有某种影响,但大家普遍认为,人们对气味的感觉是固定的。[2]

睡眠和气味

布朗医学院睡眠科学研究实验室［Sleep for Science Research Lab（Brown Medical School）］最近进行的一项研究发现,我们的嗅觉能力存在显著的变化。这种嗅觉能力的变化似乎与生物节律密切相关。这项研究旨在调查嗅觉与食物选择之间可能存在的潜在关系,尤其希望能够帮助青少年更好地选择食物。但研究的结果可能会产生更广泛的影响,而且肯定会引发一些有趣的问题,这些问题涉及我们在一天的不同时间段内能够提高嗅觉能力的原因。这项研究是对一个由37名青少年组成的样本组开展的,研究人员对他们进行了为期9天的检测,以确定他们能够发现某种特定气味的最低阈值。研究人员用唾液样品来确定他们生物节律的阶段,以此与嗅觉灵敏度测试进行对照。

这一研究结果表明,嗅觉灵敏度的平均峰值出现在褪黑素产生后不久,即21:00左右。研究指出:"这些数据首次证明了嗅觉灵敏度并不是一个稳定的特性,而是由生物节律调节的。"相比之下,嗅觉在2:00—10:00之间最不灵敏。[3,4]

祖先的优势

研究人员推测,嗅觉灵敏度的峰值出现在黑暗的环境中,这可能让我们的祖先在视力自然变弱时获益。另一种理论认为,这种特别敏感的反应在评估潜在伴侣时可能很有用。还有一种理论认为,嗅觉是通过关闭不必要的"数据"输入来帮助我们入睡的。

尽管这一研究的样本量相对较少,但其结果给我们指出了一条令人激动的进一步研究之路。其他能够影响嗅觉灵敏度峰值的因素或许也能影响这一研究的结论,如性别、体重、青春期发育和年龄。女性往往会在嗅觉功能测试中表现得比男性好,而且已经有证据表明,月经周期也会影响嗅觉灵敏度,特别是检测女性对被称为"信息素"的有气味的性激素的识别能力时。研究表明,女性在排卵期识别并对男性气味感兴趣的能力是月经期的1万倍。[5]

由月经周期引起的对气味感觉的周期性变化具有明显的进化优势,尽管人们还没有完全理解这些与我们生物节律相关的变化。然而,它们确实表明了烟雾检测器的重要性,因为在每天清晨的前几个小时里,人类的嗅觉灵敏度是最弱的,我们被烟雾唤醒的可能性比较小。

对于肥胖的研究样本来说,这一研究说明可以通过嗅觉灵敏度来人为刺激人们的食欲。这会导致人们在夜间暴饮暴食。嗅觉灵敏度和食欲管理之间的关系能够为以闻气味为基础的饮食疗法奠定基础。这种疗法鼓励患者利用嗅觉来品尝食物,而不是狼吞虎咽。事实上,市面上已经出现了一系列经过特别设计的精油产品,人们可以通过这种方式精确地控制食欲。[6]

我们是否可以通过闻巧克力的香气达到与品尝它一样令人满意的效果,并减少摄入的热量呢?

有些公司也利用气味促进消费、推销产品,这种方法颇有争议。据《时代周刊》(*Time*)报道,纽约布鲁克林的NetCost超市内的巧克力和焙烤面包的香气完全是人为制造的,是通过机械泵入的。[7]我们受到气味的影响与驱动的程度远远高于我们所意识到的,而令人惊讶的是,气味控制我们的思维和情绪的力量与它对我们的中枢神经系统的影响有直接关系。

嗅神经科学

我们的身体中鼻子与大脑的距离非常相近,它们之间存在着明确的直接联系。嗅觉,也就是对气味的感觉,是对通过鼻子摄入的空气中特定化学物质的检测与分析。人们也将其称为化学感受。

我们可以依赖嗅觉做许多事情,其中包括识别烟这类危险物质、利用信息素帮助我们找到合适的伴侣并防止乱伦,以及确定食品的安全性。因为人类对于腐烂食品气味的反应非常强烈,所以天然气公司才会把有着等效气味的化学制品硫醇加到无味的天然气中,以帮助人们检测其是否泄漏。我们的嗅觉与味觉也密切相关,但其联系是相当有限的。

人们称鼻子里那层湿润的膜为嗅觉上皮,它能让芳香化合物和其他各种化学物质溶解在鼻子的黏液中以供我们检测。人类的这种特殊组织很厚,覆盖面积约为1.4平方英寸(1平方英寸约等于6.45平方厘米)。狗对应的覆盖面积为10平方英寸,与它相比,我们的嗅觉是有限的。

鼻子里的黏液一直在流动。这就能够保证任何新的气味化合物都能很快被溶解、受到检测,而感官信息也可以迅速地被输入大脑中。黏液在这里是一种溶剂,起着溶解气味化合物的作用,其中含有酶和抗体,以防止感染并阻止病原体进入大脑。一旦一种气味被溶解,相对应的微型嗅觉感受器就会捕捉到信息,如一种花的香气,然后它利用一种表面带有纤毛的嗅细胞参与组成的嗅神经,将这种信息传递到大脑中进行处理。人的鼻子含有大约4000万个嗅觉感受器,每个嗅觉感受器都有一个附着在黏膜上的支持细胞,这个细胞附着在一个嗅细胞上。嗅细胞有一个嵌入式的根,叫作轴突,或者叫神经末梢,它能够刺激僧帽细胞,即嗅球上的特殊神经细胞。

嗅球从我们的鼻子里开始,一直延伸到大脑基部,与杏仁核和海马之间建立了直接联系。正是这种直接联系,让嗅觉可以比我们的其他感官更能触发我们的情绪,因为对于其他感官来说,它们与大脑的记忆和情绪中心没有如此根深蒂固的联系。涉及嗅觉的行为研究报告称，与其他感官输入（如听觉信号和视觉信号）相比，一个人待在熟悉的气味环境中，更容易获得回到过去的"真实"感觉，这种感觉也更为强烈。当嗅觉与视觉等感官数据联系起来时，边缘系统活动的增加会刺激个体联系到与之相关的明显且清晰的记忆，即"视觉清晰度极高"。因此，如果你想要记起过去的某件事情，或者以后不至于忘记某件事情，那么可以想办法将这件事情与特定的气味联系起来。

刺激与检测

人们还不完全清楚这些特殊的嗅细胞受到刺激的原因与进行检测的确切方法。人们认为这可能是纤毛的一种性质，对分子形状、电荷或者其他属性有反应。一旦感受器受到了一种气味分子的刺激，包括离子反应在内的一系列化学反应就开始了，它将激活与之相关的神经。感受器的数目也会影响个体的嗅觉灵敏度。狗有几十亿个这样的嗅觉感受器，这使它的嗅觉比人的嗅觉灵敏得多。

一旦信息被传送到嗅球的僧帽细胞，数据将以电脉冲的形式沿着外侧嗅束和脑神经向嗅皮质和大脑的其他区域传送。边缘系统的特定大脑区域（包括海马、下丘脑和杏仁核等）都参与了利用嗅觉数据刺激处理情绪和记忆的过程。当我们吸入一种熟悉的气味时，即便经过了几十年，嗅觉感官中的这些以情绪和记忆为中心的过程也能与之建立相当紧密的联系，并唤起人们早已忘却的记忆。

通过特殊的气味刺激记忆可以是一种积极的经历，但也可以是一种令人非常伤感的体验。在极端情况下，如在出现创伤后应激障碍后，特殊的气味可以触发强烈的、经常令人神经衰弱的、有关过去的负面情绪。[8,9,10]在遭遇车祸或者抢劫这类创伤事件中，我们的蜥蜴大脑会一直将氧气传送到我们的双腿上，并使我们积极地寻找机会逃离危险。巫师大脑的工作是弄明白发生了什么及其背后原因，而这些远不如解除威胁重要。你在紧张恐惧的情况下很可能根本无法辨别香水的气味和想要对你不利之人的衬衣颜色。

为了从创伤或难以忘怀的时刻中创造出一个有意义的故事整体，人类的大脑需要结合来自我们的5种感官的电脉冲。在这种"复制"过程中，嗅觉感官具有极其重要的作用。

特定的大脑区域负责接收、解码与分析嗅觉数据，并且根据这些数据采取行动。例如，前梨状皮层似乎负责解码气味分子的物理与化学结构，而后梨状皮层则在已知的气味中寻找对应物质并建立联系。这一信息随后通过丘脑传送给眼窝前额皮质，它负责让我们有意识地感知和识别气味。嗅觉感官涉及的复杂神经系统则直接进入与学习、情绪、动机和记忆有关的大脑中枢。这就是为什么嗅觉感官可以作为一种强大的工具来驱动有意识的行为并帮助我们形成积极的、有激励作用的习惯。

植物精油的气味

我们中的大多数人都熟悉植物中特定的树、草等发出的令人愉悦的香气。你所闻到的香气就是植物的精油,它能够伴随植物特有的芳香化合物自然挥发。香蕉的气味是非常特殊的,而这种气味来自一种化合物。人们可以在实验室里人工合成这种化合物,并将其用于制造带有这种气味的糖果和饮料,让它们闻起来与香蕉的气味毫无二致。

几千年来,无数土著居民都使用草药。现代的许多药物实际上都是从大自然中提取的,包括阿司匹林和许多化学疗法用药。[11] 所谓精油,是一种易挥发的混合物,是采用蒸馏等方法从芳香植物中制得的油状物质,或者说它是纯粹的植物"精华"。6000多年以来,精油一直被用于医学治疗。

最近,人们对芳香疗法的兴趣大增,比如在按摩、烹饪中使用精油,或者直接在身体局部涂抹和吸入精油,以此达到预防甚至治疗特定疾病、改善人的精神状态和情绪的目的。这自然遭到了可以从人工药物中获得既得利益的行业(医疗和制药行业)的强烈反对。尽管制药行业对此极不赞成,但使用这种替代性治疗精油的人越来越多。人们认为这些精油具有各种各样的治疗功效:可以让人平静、放松,也可以让人充满活力、受到刺激,还可以治疗特定的疾病。[12, 13]

迄今,芳香疗法的研究主要集中于这些精油本身的成分,如能够清除自由基的抗氧化剂。[14, 15]同时,一些关于动物的研究也令人兴奋,这些研究揭示了嗅觉感官的刺激会直接影响神经系统。无须借助药物,精油或许能够直接控制体内关键的新陈代谢和神经反应过程,为调节我们的身体和行为提供安全有效的方法。

睡眠–觉醒周期和精油

人们对于精油研究的一个主要的批评观点是它对主观数据的依赖。主观数据是指一些个人报告,这些人自称在经过精油治疗后会有某种特殊的"感觉"。例如,他们觉得自己好像晚上睡得更好一些,或者精神更振奋一些。众所周知,掺杂个人感情的报告是不可靠的,也无法用来建立健全的、高质量的数据库,更经不起制药厂家、反对派或者工业监管部门的仔细审查。

幸运的是,泰国的一个研究团队发表了一篇关于在老鼠身上做的开创性研究的报告,其中明确地证实了精油具有深远的生理影响。这份研究报告发表在《民族药理学杂志》(*Journal of*

Ethnopharmacology)上,证明了一种吸入式精油对于脑波和睡眠模式具有可量化的、可重复的、非主观的效果。[16]研究结果清楚地表明,这种精油能够直接增加人的总清醒时间,减少慢波睡眠,但对快速眼动(REM)睡眠(一种微觉醒的睡眠状态)没有影响。这些行为的改变和生理反应与脑波的改变直接相关,如 β 波的波动减少会出现在我们精神振奋、精力集中的时候。他们观察到的多种神经系统的变化具有不同的时间特征:γ 波的变化(与记忆压缩相关)几乎可以立即被检测到,并在检测期间持续。这与慢波睡眠的减少形成了鲜明的对比,后者需要等待几分钟后才会出现,而且刚好持续1个小时。尽管先前的研究也证明了精油确实有调节动物生理反应(如睡眠周期)的效果,但这些研究只使用了间接测量的方法,如行为或者激素的变化。这是人们首次使用直接测量脑波的方法来观察吸入精油(只是闻精油的气味)效果的研究。

能够进行生理调节的活性化合物

能够进行生理调节的活性化合物实际指的是一个用于平衡人体的生理和认知的药理学概念。香根草可用于调制香水,具有甜味和泥土味,我们在传统的印度食物中可以闻到其气味。这种植物与薄荷很像,能让人感到清凉,既可以用于刺激感官,又能起到镇静的作用。人们认为它能促进人体内部系统的稳定。[17]在进一步的动物实验中,人们将其用于身陷迷宫中焦虑不安的老鼠,结果发现,这种植物的精油具有与安定类似的镇静效果——安定在临床上被用于治疗焦虑或戒除酒瘾。[18]这种同时具有放松和刺激两种效果的物质说明,香根草和许多其他植物的精油都与大脑有着复杂的共生与生理调节的关系。

吸入芳香浓郁的精油只是让植物精华进入身体、血液和大脑中的方法之一。按摩是另一种受到许多人喜爱的吸收精油的方法,因为精油很容易透过皮肤,并随着基础油在体内扩散。按摩本身也能放松和刺激身体,同时通过淋巴液去除体内的毒素。人们也可以通过蒸馏法让可食用的植物精华变成治疗用的油或食用油,这种食用油不仅可以增加食物的味道,还可以让食用者因植物精华而获益。

天然精油含有多种活性化合物,它们和人造香料(如复制薰衣草等治愈植物的气味)之间有着巨大的区别。不幸的是,市场上常见的廉价精油只不过是化学仿品而已。我们强烈地建议你选择在提取、储存和使用这些易挥发的化合物方面具有专业认证的品牌。

人们可以从具有生物活性的植物的根、叶片、种子,甚至花朵中获取纯浓缩植物提取物,其中含有多种活性成分,它们之间具有协同作用。有些精油适用于身体治疗,如防止感染与加速伤口愈合,其他精油则更多地在精神与情绪方面起作用,如减轻压力和帮助放松。

精油对大脑的作用

人们尚未弄清楚精油对大脑起作用的确切机制。但人们认为，鼻子里的嗅觉感受器能够直接把信息传递给大脑。大脑中负责情绪控制和记忆的区域（杏仁核与海马）会因为吸入某些精油（如薰衣草）中的挥发性化合物而受到刺激。人们认为，大脑中的这些控制中心被激活后会影响身体、情绪和精神方面的特质。人们还认为，积极情绪受到的特殊刺激与治疗性按摩的结合，是芳香按摩起到有益且令人放松作用的真正原因。

人们还提出了其他作用机制，包括其对于神经递质、受体、激素或者酶的特殊刺激等。然而，由于精油中的活性成分以及我们与植物共生关系的复杂性，实际应用中很可能会出现多种机制同时起作用的情况。尽管人们不知道精油对大脑起作用的确切原理，但有许多证据可以证实它确实有用这一事实，而且在许多情况下，精油要比具有类似作用的人造医药更安全、更不容易上瘾。

尽管人们对于这些具有治疗效果的精油的科学研究仍然处于起步阶段，但许多传统用途已经得到证实：

· 薰衣草精油是人们研究最多的精油之一。因为它能够刺激 α 波，所以除具有十分有效的伤口治愈疗效（特别是处理烧伤）之外，它还有强大的抗焦虑（镇静）和振作情绪的作用。[19]

- 人们也已经证实,玫瑰、橘子、佛手柑、柠檬和檀香的精油能够缓解焦虑、紧张和抑郁。
- 助产士们将乳香、玫瑰和薰衣草的精油成功地用于缓解产妇的焦虑和恐惧,从而提升她们的愉悦感,并使其在分娩期间减少使用止痛药。
- 薄荷精油能够缓解恶心与呕吐(特别是在分娩中),有助于消化,并能治疗紧张性头痛,其效果与扑热息痛和阿司匹林这类非处方药相当。
- 人们发现,橙花精油能够降低接受结肠镜检查的病人的血压,并缓解其术前紧张。
- 经体外试验证实,许多精油具有很强的抗菌功效与抗真菌活性的能力。
- 柠檬精油能够增强免疫力,恢复应激性免疫抑制,缓解抑郁。
- 茴香、八角、鼠尾草和快乐鼠尾草含有的雌性激素类的化合物,似乎可以缓解经前综合征和更年期症状。

已知的精油治疗用途和有益作用很广泛,而科学正在非常缓慢地赶上普及精油用法的古老智慧。然而,尽管人们做出了大量的努力去证实已知精油的效果,但它们的治愈机制仍然很深奥。制药工业具有庞大的力量并能产生惊人的利润,它们受到了植物治疗方法的威胁,于是制药商决心粉碎精油的使用,并对精油的营销信息实施严格的限制。当前,只有那些深谙此道或者具有精油使用经验的人在关注着精油,希望它能够缓解自己所受的折磨,让自己保持镇静,并使自己现在的生活重新获得平衡。

恢复体力、令人放松的睡眠

好的睡眠是保持身体健康的一个至关重要的部分。当我们进入睡眠状态时,身体会进行一系列治疗与恢复的过程:排毒、修复和治愈。令人遗憾的是,睡眠紊乱、不足且质量差的情况越来越普遍。根据美国睡眠协会(American Sleep Association)的统计,高达7000万的成年人的睡眠情况不正常。[20, 21] 睡眠中断不仅影响人们的健康,而且会影响社会整体。在美国,每年因开车时打瞌睡导致车祸死亡的有将近2000人。人们最常面临的睡眠问题是失眠。30%的成年人偶尔会有失眠现象,20%的成年人出现过短期失眠(持续时间少于3个月)现象,10%的成年人有慢性失眠症(在3个月或者更长的时间内,每周至少有3次无法入睡)。

对于那些偶尔出现与特殊压力有关的症状或者缺乏理想睡眠条件的人来说,这只是一种轻微但令人疲倦的恼人现象。然而,对于长期罹患失眠症的人来说,这会严重影响他们的生活质量,损害他们的精力、动力、记忆力和注意力,从而使出现差错、造成事故和罹患抑郁症的可能性大大增加。

重新调整睡眠模式的第一步是寻找导致睡眠问题的原因,包括夜生活的过分刺激、卧室的不舒适和缺乏锻炼。它们会自然而然地让你感到疲倦,耗费你体内的应激激素,如皮质醇和肾上腺素。从长远来看,减压和放松也是形成和谐与平衡的睡眠-觉醒周期的关键。

然而,这些症状有时是我们无法立刻控制的,我们需要找到能够帮助自己进行有效睡眠的解决办法。它能让身体得到安静的休息,帮助我们在早晨更有条理地思考。尽管有些人习惯借助药物解决睡眠问题,但药物不仅有许多副作用,而且会扰乱我们睡眠的自然模式。相较而言,精油不失为一种让我们获得充足睡眠的简单方法。经常换班的工作者(如护士)能够从使用薰衣草精油中获益。它能够帮助他们获得高质量的睡眠,使其能够应对换班造成的睡眠紊乱。[22]人们证明,薰衣草精油甚至能够通过让病人的身体进行自我恢复和改善治愈的方式加速康复,帮助重症监护室中的病人减轻焦虑、改善睡眠质量。[23]

薰衣草精油是普遍应用于帮助病人获得高质量睡眠的精油之一,有许多治愈记录。还有其他多种精油以及其他很多使用精油的方法,它们都能够达到诱导睡眠和镇静的效果。你需要做一些亲身实验,以确定最适合你的身体和迎合你的偏好的最佳精油。例如,如果你讨厌薰衣草的气味,那么它就不太可能帮助你获得好的休息。

使用精油帮助睡眠及其使用方式

吸入法：你可以使用特制的香薰机，它将通过水发出微小的电流使精油蒸发，变成细小的水雾状物质进入空气。或者最简单的方法是你可以在纸巾或者布料上点几滴精油，然后将其放到床边。出于鼻子与大脑之间的直接联系，吸入法让情绪快速恢复平静的效果是独一无二的。

局部施用法：你可以把几滴精油揉入掌心（那里的皮肤比较厚，不那么敏感），然后在胸前和胳膊上揉搓，使它被皮肤吸收。因为精油会受到体温的影响而持续挥发，所以你整夜都能闻到它的气味。另一种绝好的方法就是在你的脚掌上涂抹精油，这可以让有疗效的化合物进入血液，特别是当你不愿意闻精油的气味时，这种方法涂抹的精油就会离你的鼻子比较远。局部施用法将直接安抚你的身体，特别是神经系统。

薰衣草精油：这是人们最喜欢用的睡眠诱导精油。你可以先尝试使用这种精油，看它对你是否有效。有些人使用它会产生明显的反应，例如，这些人如果夜里需要上厕所，就可能会有迷失方向的感觉，而且他们的睡眠时间会比平时长得多。你可以先试用几滴，然后逐渐增加用量，直到达到你想要的效果。因为人们大量使用、批量生产，所以薰衣草精油也是相对便宜的精油。注意不要使用过度。如果你一直需要借助精油才能进入睡眠，那么最好循环使用不同的精油,这样你的身体就不会习惯于其中一种,也就不会减弱其效果。[24]

洋甘菊精油:这种精油历来用于安抚儿童、抗抑郁、减轻压力、帮助人们放松与入睡。它是一种温和的镇静剂,除能够对抗失眠之外,还能镇静神经、舒缓紧张情绪,甚至可以用于减少噩梦。人们认为,这种精油的镇静作用源于其中一种叫作芹菜素的化合物,它能与大脑中的受体结合。洋甘菊茶是著名的催眠茶之一。[25]

缬草精油:这也是一种已知的温和镇静剂。除能够诱导睡眠外,它还能镇静神经、减轻压力。有人对关于这种精油的多项研究进行了元分析,其结果发表在《美国医学杂志》(*American Journal of Medicine*)上,这一结果证实,它确实能够改善睡眠质量,并且没有目前医药干预的副作用。[26] 发表在《睡眠医学杂志》(*Journal of Sleep Medicine*)上的另一篇元分析报告进一步确认了此精油有助于睡眠的主观性,同时也指出,人们需要进一步的质量分析才能得到可靠的数据和确定无误的、具有说服力的结论。[27]

复方精油:无论是使用市场出售的还是自己动手炮制的复方精油,多种精油的睡眠诱导性质都可以在混合后得到增强。一次三盲试验的结果发表在《妇女与健康杂志》(*Journal of Women and Health*)上,该试验发现,薰衣草与酸橙的复方精油可以显著延长睡眠时间并改善睡眠质量,而使用薰衣草与甜橙复方精油的血液透析

病人的总体睡眠质量有所提高，疲劳现象得到了显著缓解。[28, 29]

精油有助于清醒

精油除能够帮助你迅速入眠、镇静神经和恢复身体健康之外，还可以帮助你醒来，并让你感到精神振奋。你无须借助咖啡因，只要在清晨的日常事项中加入使用精油这一项，便可以使头脑更加清醒，然后精神饱满地起床。

习惯性地使用特定气味的精油可以在你的大脑中建立与它们相关的积极的联系，帮助你在希望有的情绪与清晨采取的特定活动之间建立硬性连接。令人心旷神怡的气味会改善你的情绪，创造情绪与气味之间的积极联系，帮助你享受新的一天而不是感到恐惧。一些科学研究证明了它对身体的好处，仅仅心理上的刺激就可以提高警觉性、集中注意力，同时增加积极的清晨行为，加强积极的态度。[30]

使用精油帮助清醒及其使用方式

扩散法：为了让你的房间和身体充满令人愉快的气味，也为了使用精油后能够对你产生有益的效果，一种简单而可靠的方法就是使用香薰机。在半睡半醒的状态下，你可以使用香薰机，甚至可以用定时器——只要你一醒来，迎接你的就是怡人的芳香。技术含量不那么高的做法是把精油涂在纸巾上，用鼻子闻一闻，这也是很有用的。

喷雾器：你可以把几滴单方精油或者你自己的复方精油与水混合，然后用喷雾器喷洒，从而很快地形成一种提神剂。你可以在清晨或者任何感到精力减弱的时候使用它，让自己神清气爽。只要喷几下，在水中雾化了的精油就会形成芳香袭人的水雾，留在你的皮肤、衣物上，或者周围环境中。精油除会对身体与情绪产生影响外，还是一种让你克服自我并决定想要有何种感觉的方法。疲劳不仅是生理现象，更是一种心理问题。例如，当运动员感到疲倦的时候，设定极限的是心理而不是身体。

淋浴：你可以在淋浴时滴入几滴精油（无论是单方的还是复方的），以此来获得精油的气味和治疗效果。无论你是通过喷瓶喷洒，还是先滴到洗浴毛巾上，都要用热水让具有挥发性的化合物散发到身上，借助它们的能量提振你的精神。你甚至可以使用事先准备好的带有令人感到清新效果的精油（如薄荷精油或者柑橘精油）沐浴露，以此使你的身体焕发活力，同时保持清洁。

柑橘类精油：除了可以带来令人欢愉并提振精神的气味，葡萄柚、甜橙和柑橘的精油还可以稳定情绪。它们相互之间或者与其他精油都可以充分混合，而且通常具有温暖、提神的效果，能够以温和的方式振作你的情绪、提高你的精力。[31]

桉树精油：这种气味相当浓郁的精油具有自然抗菌的性质，能够刺激免疫系统，同时有提振精神的作用。它能刺激鼻子中的冷受体，让你更清晰地感受到空气的流动，并用额外的数据刺激大脑。[32, 33]

薄荷精油：人们已经证明，这种精油的强烈气味能够让人白天不那么嗜睡，尽管其确切机制尚不为人知。[34]薄荷的气味也具有振奋精神的作用，甚至可以把人从睡眠中唤醒。这些发现表明，薄荷味的牙膏或许不适合在睡前使用。你在淋浴时加入这种精油也有助于提高精力，甚至有利于头发生长，因为人们已经证明，它可以避免甚至逆转男性脱发的情况，诱导头发生长。[35]

迷迭香精油：研究表明，吸入迷迭香精油可以提高警觉性。[36]它也起到神经保护剂的作用，而且人们正在对它缓解阿尔茨海默病的症状、阻止神经细胞死亡和降低脑炎方面的能力开展研究。[37]任何能在清晨让大脑更为清醒的物质都会帮助你振作精神，让你为这一天做好准备。迷迭香也能在早上提高你的血压、加快你的心率和呼吸频率，为大脑和肌肉提供必要的氧气与营养，从而达到激励你起床开始活动的效果。[38]

有关精油的未知因素以及安全措施

与一切治疗物质一样，我们在使用精油时需要谨慎。因为有人可能会对某些精油过敏，或者有些精油可能会与工业生产的药剂发生反应，增强或者降低其效果。选用高质量的精油品牌会降低摄入来自低水平化学蒸馏过程的污染物的可能性，增强使用它们的有益效果。孕妇与哺乳期妇女、儿童与老人在使用精油治疗时应该寻求有经验的专业人士的建议。

与以现代医药产品为基础的疗法相比，精油要安全得多，不仅没有什么副作用，而且只需要偶尔少量使用，就可以让我们从其中的活性化合物中得到好处。我们需要进一步的研究，才能弄清它们的作用机制，确认其长期使用的安全性，明确它们与人工合成药物和其他精油之间的潜在相互作用。然而，人们利用植物性药物（特别是高浓度的精油）治病已经有几千年的成功经验。这一点本身就是对它们能够与人体一起和谐工作的证明，说明它们可以帮助我们改善各种条件，帮助我们控制自己的睡眠-觉醒周期。

巫师大脑的小·建议

» 有些精油适用于身体治疗,如防止感染与加速伤口愈合,其他的则更多在精神与情绪方面起作用,如减轻压力和帮助放松。

» 你需要做一些亲身实验,以确定最适合你的身体和迎合你的偏好的最佳精油。

第三章
应激激素和性激素

对抗压力最强大的武器,是我们可以选择一种想法而不是另一种想法的能力。

——威廉·詹姆斯(*William James*)

激素是可以在人体中传递信号的化学物质,即化学信使,控制着一系列功能。它们是由各种腺体产生的,被分泌进入血液中。这让它们可以在身体内部运动,执行自己的使命。激素负责的功能涉及范围广泛,其中包括体温、血糖水平、组织和肌肉的生长,以及有性生殖和情绪。

皮质醇和肾上腺素等属于应激激素,是当人类受到重大压力时,或者当人体认为出现了对自身构成威胁的情况时,由蜥蜴大脑控制人体释放的化学信使。这些激素与我们"战或逃"的本能有关。当感知到危险时,人体会迅速地做出生物化学反应。例如,增加流向肌肉的血液,使人体可以迅速地应对危险的状况。令人遗憾的是,当今社会的人们面对持续的压力是生活中的普遍现象。这会让我们分泌过多的应激激素，从而扰乱新陈代谢，造成体重增加、炎症加重、睡眠质量降低。持续存在的生存威胁，无论是真实的还是虚幻的，都将导致激素的变化和健康的失衡。

对哺乳动物而言，这些了不起的应激激素和生理机制可以使其防范危及生命的威胁，提高生存概率。遗憾的是，有时在我们无法影响结果的情况下，这些与我们的蜥蜴大脑一致的应激激素非常活跃。

两条恐惧之路的故事

当我们的大脑受到表明我们即将处于危险状况下的情绪刺激时，这些信号会立即被送往丘脑。随后，丘脑会使用两条不同的通道或者道路，将这些诸如恐惧之类的信号送往大脑的其他区域。短途通道是丘脑和杏仁核之间的直接通道。这条通道对于我们直接认知局势非常关键。它将粗略地估计会发生什么样的情况，但不会考虑相关形势。信息在长途通道上运行得较慢，因为情绪反应需要整合来自丘脑和杏仁核输入的信息与来自感官皮层（巫师大脑的所在地）的认知处理结果。在创伤后应激障碍患者的大脑中，较长的这条通道的信息输送量比较小。

这种情况在现实生活中是怎样发生的呢?让我们想象一下:你正安静地坐在一架从纽约飞往伦敦的飞机上观看一部电影,这时听到了来自飞机一侧的一声巨响。你立即停止观看电影。你的丘脑这时苏醒了,使你感到心怦怦直跳,喘不上气来。于是,你转过头去,瞳孔放大,耳朵朝着声音传来的地方倾听。这一系列的生理反应都是由杏仁核指导完成的。你突然体验了一次出乎意料的坠落感。现在,你的丘脑肯定处于高度戒备状态。当你瞥向窗外时,看到机翼右侧发动机正在喷出黑色的浓烟。除非你是一位经验丰富的飞行员,否则在这种情况下,你会认为这与灾难性的飞机失事事故的画面相吻合,但没有其余的选项或者不能做任何事情。信息在你大脑中的短途通道上超高速运行。[1] 这种坠落感伴随着阵阵焦虑与恐惧。这对于你的蜥蜴大脑来说是一个非常不舒服的情景。因为你被吓坏了,对下一步会发生什么事件的不确定性感到痛苦。你的紧张状态会因为与你同机的旅客们极度痛苦的表现而进一步恶化。坐在你身边的是一对第一次坐飞机的夫妇,他们在之前讨论过乘坐飞机在天上飞的恐惧,现在完全不知所措。

你的蜥蜴大脑不知道的是,此时坐在驾驶舱中的经验丰富的专业人员完全控制着局面,而且他们立即就能判断飞机并没有处于灾难性的失事状况。是的,机长和副驾驶员或许会有些害怕,但他们大脑中的信息正在通过长途通道,驱使巫师大脑控制他们的行为。机长的大脑运行机制为什么与你的有如此巨大的差别?因为在飞行学校里，驾驶员们曾经接受过针对这种状况的训练，知道如何使用飞机中内置的灭火装置。于是，副驾驶员立刻在驾驶舱里启动了高效灭火器来灭火。而且，机长知道，即使他们无法立即控制火势，发动机箱也是防火的，火焰不可能会影响到发动机的其余部分。

在类似的情况下，你想让你的身体以高效能状态运转，让你的大脑有序地工作。但在经历了突发的状况或者长期的压力后，我们让蜥蜴大脑掌控大权的情况实在太多了。如果我们想要让大脑充分地为我们做出最佳贡献，最关键的是要利用我们的巫师大脑的认知做出贡献。例如，巫师大脑可以帮你为自己和旅伴们做好必要的准备，应对飞机可能发生的灾难性状况。尽管短途通道对于有关状况立即做出评估是十分重要的，但只有具有认知过程的长途通道才能显著地提高你在现实生活中处于危险情况下的生存概率，可参考下页图。

皮质醇

皮质醇是由位于肾脏上方的肾上腺分泌的。作为一种被妖魔化的激素和一名在我们的日常活动过程中起到重要作用的"无名英雄"，皮质醇过着一种双面生活。它是在"战或逃"机制中被释放出来的。而且，这种机制的出现可能是出于真正的威胁，如我们必须立即躲开一辆迎头撞来的汽车，也可能是一种令人感到压力很大的情景，就像我们正在观看晚间新闻一样。当皮质醇被释放时，它为我们的身体提供了振作的能量。然而，如果我们的身体没有通过实际的行为使用这份能量，让皮质醇积蓄在血液中，就可能导致更多的压力、炎症、高血压，从而加速老龄化，增加心脏病的发作风险。

"非理性驱动"的蜥蜴大脑现在扮演着一个极为关键的角色。但这里的问题是，许多人特别是有长时间静坐生活习惯的人，没有去做消耗这种激素所需的体育运动，因此他们在皮质醇积聚时得不到比较理想的结果。皮质醇也会引起急病，在癫痫发作时起到化学触发剂的作用。癫痫通常在清晨发作，因为此时皮质醇的分泌处于高峰。

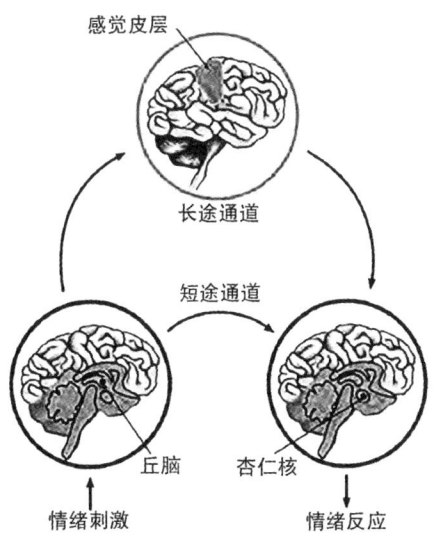

然而，如果剂量恰当，皮质醇对于我们的益处就是非常大的。在咖啡进入人类生活之前，皮质醇一直是帮助人们在清晨醒来并使其感到精神振奋的"幕后"激素。它也负责控制血压、增强免疫系统功能。如果想让皮质醇保持理想水平，我们就需要学会如何放松，这样才能更好地管理蜥蜴大脑。后面我们还会继续讨论这一问题。

肾上腺素

肾上腺素是肾上腺分泌的另外一种激素，在我们的中枢神经系统（CNS）的功能中扮演着至关重要的角色。像皮质醇一样，肾上腺素的首要用途是让身体做好战斗或逃跑反应的准备。在我们感到危险、需要行动，并且这种压力很大的情况下，肾上腺素会很快被释放进入血液中。根据其在体内的分布位置，这种作用可以表现为各个区域中的多种生物学功能，从而引起心率加快、血压升高、肺部扩张、向肌肉输送更多的血液等生理反应。

当这种高压状态结束时，肾上腺就不再释放肾上腺素。和皮质醇一样，持续处于高压状态会使体内积聚过多的肾上腺素。这会造成不利于身体健康的后果，如罹患心脏病、体重增加、消化不良、头痛、失眠、焦虑、抑郁、精神紧张、无法集中精力和健忘等。为了防止高压生活方式潜在的破坏性影响，我们有必要定期抽出时间放松。

长期压力对人类大脑的影响

长时间孤独、婚姻出现问题或者爱人的死亡,这类心理或者情感上的长期压力会让身体处于超负荷的状态。不幸的是,这类功能性损伤会造成情感创伤与创伤后应激障碍。在现代社会中,压力与抑郁是普遍现象,如果不采取有针对性的措施,就会导致轻度创伤后应激障碍。[2] 据估计,80%—90%的病人的问题是长期无法控制压力导致的。

长期压力造成的高水平的皮质醇会破坏海马中的突触,这将损害认知行为和处理新信息的能力。血液中居高不下的皮质醇水平也与压力有关,这种情况大多出现在处于高压生活状态下的人们。例如,罗马尼亚孤儿院中得不到情感关怀的孩子、童年时代遭受性侵的受害者、遭受不合理待遇的学龄儿童和情绪低落的学龄前儿童。耶鲁大学(Yale University)的研究人员发现,长期的慢性压力会造成前额皮质的脑体萎缩。[3,4]

如何评估与控制你的皮质醇水平

你可以通过多种检测方式来确定自己的皮质醇水平。根据皮质醇测试结果,你可以评估肾上腺和脑垂体的功能状况以及身体中的皮质醇水平。这种检测通常通过抽取静脉血样并加以测量完成。你可以请你信任的医疗职业者为你做这一检测。

清晨时分的皮质醇水平最高,因此人们通常在这时候测试皮质醇水平。一旦你知道了自己的皮质醇水平,就可以采取改进措施,而且这些措施很快就可以见效。让我们以最糟糕的情况举例:如果皮质醇水平实在太高,你的脑垂体就可能有肿瘤。

改变进食与生活方式调节应激激素

然而,我们大多数人因为承受了太多的压力,所以没有足够的放松时间来平衡体内的激素。如果你的皮质醇和肾上腺素水平过高,那么你可以通过做以下事情来降低它们:

· 多吃新鲜蔬菜和水果。重复一遍:多吃新鲜蔬菜和水果。事实证明,食用蔬菜和水果可以有效防止疾病和与年龄有关的退化,让你振作精神,调节你的免疫系统,改善你的情绪。

· 坚持体育锻炼。从本质上来说,你越坚持体育锻炼,你的身体需要释放的皮质醇就越少。

· 每天都有放松的时间。请确保在你的日程表中设置定期减压活动。冥想、深呼吸、与大自然亲密接触,以及进行创造性活动,如绘画、写作、阅读、聆听令人心神安定的音乐等。这些都是安抚情绪、降低皮质醇水平的绝佳方式。

- 晚上睡个好觉。如果你的皮质醇水平过低，你或许患有需要立即加以重视的疾病，如艾迪生氏病（Addison's disease），或者一种被称为垂体机能减退的脑垂体病。
- 在饮食中摈弃任何经过加工的糖。最理想的是，不要食用任何经过加工的糖或者精制糖，因为它们是强有力的"神经毒素"。它们不仅会摧毁大脑的神经通路，而且也被证明可以诱发并加重癌症，同时也是非常容易让人上瘾的物质。不幸的是，大多数加工食品中都含有精制糖，但这些糖经常被印着别的名字，如玉米糖浆、果糖或者葡萄糖。
- 多吃柑橘类水果和甘草精。挪威卑尔根大学（University of Bergen）的一个团队所做的一项研究表明，葡萄柚汁和甘草精能够增加皮质醇在人体内的可用性。

此外，还有几种可以提高皮质醇水平的方法，其中之一是激素替代疗法，也就是服用医生为你开的药物。然而，这包含许多影响健康的潜在因素。如果考虑采取这种措施，那么你应该首先研究它可能存在的危害健康的因素。你可能不需要诉诸医药，而是通过简单的饮食调节来改善皮质醇水平。

性激素是何种情况？

性激素是影响个体生长和性生殖功能的化学信使。它是由女性的卵巢和男性的睾丸这两种生殖器官分泌的。性激素分为三种类型,包括以睾酮为主的雄激素(被认为是男性激素)、雌激素和以黄体酮为主的孕激素(被认为是女性激素)。

性激素大约在青春期被激活,一方面,它让男性生出更多的体毛和脸毛,阴茎增大并开始产生精子,另一方面,它让女性发育乳房,产生卵细胞,开始月经周期。[5]

激素对男性和女性的行为具有明显的影响,它们甚至会影响胚胎发育成男性还是女性。男性和女性都会产生睾酮、雌激素和黄体酮。一般来说,男性生成的睾酮要比女性多得多,而只生成少量的雌激素和黄体酮。相反,女性通常会生成更多的雌激素和黄体酮,而睾酮则少得多。[6,7,8,9]

要想健康状况良好,激素的平衡是一个至关重要的方面。

此刻,你可以改变日程的哪些方面来提高你的能量消耗?在身体感受到危险的时候,皮质醇和肾上腺素这两种应激激素是作为"战或逃"机制的一部分而被释放的。因为我们总是过着一种充满着长期压力的生活,所以我们的"战或逃"激素经常在我们不需要它们的时候被释放出来。[10,11,12]

巫师大脑的小建议

» 激素是实现人体许多功能的化学信使。

» 应激激素在血液中的过度积聚会造成不利于健康的后果,如体重增加、罹患心脏病和引发睡眠问题。

» 我们可以通过皮质醇检测知道它在体内的存在量。根据测试结果,你可以根据需要改善皮质醇水平。

» 我们可以用多种方式改善应激激素的水平,包括合理饮食、多吃新鲜蔬菜和水果、积极参加体育锻炼、经常性地留出放松的时间,以及保证高质量的睡眠。

第四章

身体在早晨要高一些

好的大脑和好的心脏永远是令人敬畏的组合。

——纳尔逊·曼德拉（Nelson Mandela）

　　清晨清醒时,我们会发现自己要比昨晚睡前高出很多。这是因为白天的重力在人体上施加了不少压力,特别是在脊柱上。当你睡觉以及躺下休息的时候,你的脊柱可以放松,并且向各节脊椎骨之间的空隙中重新填充起润滑作用的流体。额外的流体会让你的脊柱更具有活动性、灵活性,也会让身体更加舒展,从而将你的身体拉长几英寸(1英寸约为2.54厘米——译者注)。[1,2] 随着白天渐渐过去,这些流体会变少,脊柱会被逐步压缩。

身高改变的含义，以及我们如何保持身高

身高改变以及保持身高会对我们产生什么实际影响呢？即使清晨醒来的第一件事不是考虑安排篮球比赛，这种改变对于我们的影响也是非常深远的。保持最高身高并不仅仅与身高本身相关，也与它如何影响你的姿势有关。当我们身材高大而且姿态挺拔时，机体才能更有效地利用能量。这对我们在清晨伊始做一切事情时保持良好状态是一大助力。

不良姿势产生的一些后果包括：
- 减少通往全身组织的血流量。[3]
- 减少流向我们肌肉的氧量。
- 降低我们对于来自身体内部的扰动和信号的注意力。
- 思维能力下降。[4]
- 肌肉疼痛、紧张。[5]
- 关节僵硬。[6,7]
- 自我评价低（与不良姿势有关）。[8]

在人的一生中，每个人的身高都会降低几英寸，这主要是不良姿势和脊柱的僵硬导致的。不良姿势会严重影响我们日常生活的能力。因为我们有几乎三分之一的时间处于睡眠状态，所以找到一个能让你的脊柱感到舒适的睡姿，对于防止不良夜间姿势的伤害具有关键意义。[9]

你必须对自己睡觉时如何摆放身体进行试验,这样才能找到有益于身体的最佳睡姿。一些人觉得睡觉的时候不用枕头会睡得更好,另一些人则需要用比较薄的枕头。每个人的需求都不同,因此没有相关方面的严格规定。多年来,科学家们对软硬程度不同的枕头会怎样影响肌肉的疲劳程度与怎样引起颈部和肩膀疼痛进行了研究。[10, 11]许多结果表明,颈部肌肉受到激活的程度与我们不同的睡姿有直接关系。最重要的是,如果你在清晨时分觉得颈部和肩膀疼痛,那就必须弄清应该如何根据自己独特的体形调整床垫和枕头。[12, 13]

我们会本能地调整成舒服的睡姿。你需要做一些试验,才能知道你的身体喜欢以怎样的姿势睡觉。下面是能让你更舒适地睡觉的几个建议:

·选用舒适的床垫。这听起来是显而易见的事情,但是很多人愿意在无法让他们的身体得到最大好处的床垫上睡觉,这难免让人感到惊讶。如果你现在的床垫并不适合自己,那就请你花一点时间和金钱,为自己准备一张舒服的床垫。想要正确地开始你的清晨,夜里的高质量睡眠是前提。

·仰面睡觉时,你的颈部和头应该与你的身体在一条直线上。如果你的枕头太大,就会把你的头往下推,让你的脊柱不自然地弯曲,造成身体失衡。[14]

- 有些人觉得睡觉不用枕头更舒服。而另一些人觉得，薄枕头更适合他们。
- 你也可以在睡觉时试着把一个枕头放在膝盖下面。这很舒服，甚至可能会让你觉得很颓废。当你用侧卧睡姿时，可以屈起双腿，将你的膝盖抬到胸前处。你可以在双膝之间放一个枕头，将它调整成令你感到舒服的形态。但是，如果你跟别人共睡一张床，一定要考虑到对方是否舒服。

如何通过体育锻炼保持身高和良好的姿势

保持活跃。你的脊柱需要足够多的有良好润滑效果的流体，运动对这些流体的产生至关重要，因为我们运动得越少，体内的流体产生得就越少。你或许已经注意到，人老了身体就会萎缩。但你或许没有注意到的是，人的大脑也与身体同步萎缩。人们认为这与他们的运动量减少有关。好消息是，运动在阻止身体和大脑萎缩方面非常有用。[15, 16, 17]

养成良好的姿势。最大限度地增加你的身高和运动能量的最有效做法是调整你的姿势，而且这种做法一分钱也不用花。下面是几种基本做法，它们能帮助你进一步拓宽自我认识：

- 站着的时候脊背挺直，双脚稳定地踩在地上。

- 轻柔地呼吸。
- 让后颈部和脊柱放松。
- 想象你的脊柱受到两个方向的拉力,即一个力从顶端向上,另一个力从末端向下。
- 在这样做的同时,尽力伸长身体的正面,让正面和背后达到平衡。
- 抬高你的胸骨,使你的胸部尽可能地抬高,同时保证舒适。
- 伸展你的肩膀和骨盆,尽量让你的肩部和臀部向外扩展,以不会感到不舒服为限度。
- 每天早上起床后以上述姿势练习站立。

你可以试着去练习瑜伽、普拉提(Pilate,使用特殊器械的锻炼方法,注重改进力量、灵活性和姿势,也可用于改进头脑认知——译者注)、太极、气功,或者任何能够安全地伸展脊柱,让你能够尽量多地触碰自己身体的体育活动。[18] 在锻炼的过程中,你可以想象有根绳子在拉伸你的身体,对许多练习冥想的人来说这是一种很有用的方法。你还可以想象在你的头顶有根绳子在受到向上的拉力后,沿竖直方向向上拉伸你的脊柱。这就减弱了你头部所受到的压力,并让你的意识的重量自然下沉到你的身体里。因为某种毫无益处的原因,许多座椅——从公园里的长椅到飞机和公共汽车上的座椅,都是按照使人保持非常糟糕的坐姿原理设计的。[19,20]

当你坐下时(无论是在工作中、在汽车里,还是在餐桌旁),请练习用良好的坐姿坐着,这个习惯能拉伸你的脊柱,使你保持旺盛的精力。

我们应该怎样练习良好的姿势呢？我们应该注意些什么呢？

·你的臀部应该碰触椅子的背部。

·确保双脚触地。如果触不到地,那就加一个脚凳。

·确保脊背挺直,肩膀舒服地向后倒。

·膝盖弯成直角。

·在坐着使用计算机时,确保荧光屏与头部等高,这样你的眼睛可以直视屏幕。

·如果你每天要在办公桌前工作好几个小时,那么考虑使用一张可以用于站立办公的书桌,或者准备一个抗力球用于锻炼。

小 结

如果我们以正确的姿势展现我们的身体,这就意味着向自己和他人传递了一种强有力的信息。它同时由内而外地传达着你的自尊和自信。[21]更好的姿势意味着:你不仅能最大限度地增加你的身高,而且能因此减少体内的紧张,增强体力,此外,你还能更好地呼吸,提高记忆力和工作效率,产生积极的情绪。[22]努力改善你的姿势:你可以在你经常使用的椅子旁边贴上一张留言条,上面写一些简单的提醒,如"好好坐着"。

巫师大脑的小建议

» 重力在脊柱上施加了许多压力。由于时间的推移和坏习惯的作用,这会缩短我们的身高。

» 当我们晚上睡觉时,脊柱会因"受到润滑"而得到伸展。因此,当我们清晨醒来时,要比前一天上床的时候高。

» 身高与姿势是相关的。不良的姿势会造成许多健康问题,如减少氧供给、降低血流速度、注意力下降等。

» 我们在夜里如何睡觉非常重要。因为我们以这种姿势度过的时间很长,所以它对我们的身体和思维有重大影响。

» 在站着和坐着的时候,我们可以使用各种简单的方法改善我们的姿势。

第五章
你的大脑在早晨要大些

身体的主要功能是带着大脑到处走。

——托马斯·A. 爱迪生（Thomas A. Edison）

在我们睡着的时候,身体除变高外,还会出现其他状况。这时候,我们的身体会产生很多奇妙的变化,而我们却浑然不觉。在加拿大麦吉尔大学(McGill University)的一份研究中,研究人员在观察了1万多份人类大脑的磁共振成像(MRI)扫描结果后发现,人类大脑的尺寸在清晨时分比较大,而且会像脊柱一样,随着白天的流逝而逐渐缩小。人们还不知道造成大脑尺寸波动的确切机制。领导这个研究团队的中村邦夫(Kunio Nakamura)推测这是大脑内的流体造成的,"一个可能的机理是,这与人们夜晚躺下后,白天积聚在下肢的体液的重新分布有关"。[1]

尽管大脑的大小并不是证明智力高低的一个固有指标,但在一天中，一个人大脑尺寸的起伏可能对思维能力和健康等方面具有重大影响。大脑、神经组织和脊髓中包含大约73.3%的水，而皮肤和骨骼中的水含量大约分别为64.68%和31.81%。当我们睡着的时候，主要由"水"构成的体液会在整个身体中重新分布，流向需要它的地方。对于大多数人来说，睡觉时是喝水最少的时候。因此，我们刚刚醒来和其后的一段时间内是大脑尺寸缩小得最厉害的时候，也是我们最需要补水的时候。

大脑含水量充分的重要性

大脑需要充足的水分才能更好地运转。但它本身无法储存水分，所以我们需要在一天中不断地给它补水。一旦大脑有了适当的含水量，就能顺利地执行自己的任务——接收能量和养料，支持神经信号的传导，清除毒素。

脱水会对健康造成许多负面影响，包括睡眠质量差、损害短期记忆、难以集中精力、难以处理逻辑难题、损耗能量，在严重的情况下甚至可能会成为罹患阿尔茨海默病、帕金森病和肌萎缩侧索硬化的诱因之一。

伦敦大学国王学院精神病学研究所（Institute of Psychiatry at King's College London）的一项研究发现，脱水会导致大脑萎缩。与润滑良好、水分充足的大脑相比,经常缺水的大脑的神经元需要更多的能量才能得到相同的输出量。从本质上来说,我们大脑的含水量与其功能密切相关。尺寸更大的、水分充足的大脑能够增加血流量、氧量、营养供应量,从而让你的精力更加集中,改善你的情绪,让你睡得更好。在睡着时,水分会因为必要的身体活动和人体向空气中呼气而流失。我们尽管无法阻止这样的流失,但可以确保自己在白天摄入足够的水分,以此保证大脑正常地运行。

当你清晨刚刚醒来时,立即喝下至少16盎司(约473毫升)的水,这对你的身体和精神有极大的益处。我们曾在权威的《营养综述》(*Nutrition Reviews*)杂志中指出,男人一天应该饮用大约100盎司(13杯)的水,女人一天应该饮用大约74盎司(9杯)的水。[2]男人需要的水更多,因为他们在体形上通常比女人更高大,拥有更多储存水分的肌肉块。在18岁之前,我们日常的需水量一直在递增。然而,成年之后,我们每日的最低需水量趋平,而且在一生中的其余年龄阶段也基本不变。

请注意,任何饮料(如咖啡和果汁)都对我们的大脑和身体有补充水分的作用。饮料的缺点是里面的糖分含量过高,如咖啡、碳酸饮料和运动饮料。然而,清晨尽早大量饮水(水温尽量接近体温)是让你清醒并把亟须的水分带给大脑的极为有效的方式。

最近,伊利诺伊大学(University of Illinois)的一个团队在研究了18000位受试者的情况之后发现，哪怕增加1%的饮水量，也能让他们每天摄入的热量显著减少，尤其是糖、含钠化合物和饱和脂肪。当受试者的饮水情况得到改善之后，他们对不健康食物的需求量下降了。[3]饮水有助于使体内原有的能量和营养得到更高效的使用，从而使人们进一步减少食物的摄入量。而且，当感觉到自己的身体需要补充水分时，许多人会误以为口渴的感觉是饥饿，结果立即去进食。

水的质量对你的大脑有何影响？

提及水的质量，除非你的运气好，家里的自来水源于纯净的山泉，否则即便来自水龙头的水也都要过滤。因为来自水龙头的自来水经常含有多种有害的污染物，它们包括：

· 会增加患阿尔茨海默病风险的铝。

· 暗藏在水管中的砷（砒霜）是一种已知的毒药，会增强大脑的氧化应激，降低人们的学习与记忆能力。

· 来自从厕所冲走的药品、尿液中的代谢物以及未消化的药片的药物污染，我们的再循环系统无法处理这些生物性质活跃的化学物质，这造成一大批我们不需要的抗生素、激素和抗抑郁药泄漏，进入饮用水源。

让我们从大约5美元的谱系低端价格产品（价格谱系指一种产品从最低价格到最高价格的整个图像——译者注）说起。炭过滤器是你能买到的最简单的、最物有所值的水过滤器，能够去除水中过量的氯、苯和其他有害化学物质，但无法去除水中的氟类化学物质。更昂贵的过滤系统能够更有效地去除人们不需要的化学物质，并能去除其他微量污染物，甚至能够将水电离、碱化，[4,5]但同时价格也会更高些（从100美元到1000美元不等）。

如何增加水的摄入量

训练自己多喝些水，这可以帮助你利用最佳能量和营养流动开始新的一天，并从中获得巨大的优势。下面是一些帮助你多补充水分的建议：

· 提醒自己喝水。在床边留一个提示条或者在手机提醒里设置一条提醒，当你醒来时提醒你立即喝水。让喝水成为你起床后要做的第一件事。

· 每天定时喝水。在读报纸的时候记得喝一杯水，或者在遛狗的时候带上一瓶。找出可以将喝水与你的日常行为联系起来的方法。让新习惯与既有行为和习惯相结合就是一种强有力的方法，因为这样可以利用你大脑中已有的神经通路，而不是完全重新开始。

· 挑战自我。看看你一天能喝多少杯水，在每周的日历上记录你的变化。看到自己在做某件事情上取得的进步可以激励你做更多的事情。而且，这让它看上去成了一项有趣的游戏，从而让你更有动力坚持下去。

- 使用一个可以追踪体内水运动的应用程序。市面上有几个免费的应用程序，它们可以帮助你完成追踪一天中摄入水量的艰难任务。
- 加入某种自然味道。强烈建议你在饮用热水时加入柠檬或者一点点姜。加入一点刚刚榨出的柠檬汁的水，饮用后能让体内的水碱化，有助于消化。pH值略高一点（7.4到7.7）的碱化水不仅对你的皮肤有益，而且能帮助你的伤口和胃里的溃疡愈合，另外，还能使你的骨骼和组织保持健康状态。同时，这种柑橘饮料对于刺激你的清晨感官也有不小的作用。

如何评估身体的含水水平

尽管我们对于评估身体的含水水平的理想方法没有一个科学共识，但可以确定几个对大多数人有效的简单方法。

尿的颜色和多少（尿量）是一种直截了当的评估身体含水水平的便捷方法。它可以告诉你，在从水量充足到极度缺水的含水谱系中，你身体的含水水平位于何处。对尿做检测的方法很简单，只要找一个可爱的瓶子尿点尿进去，然后拿着装有尿的瓶子和尿色图表对比就行了。这有助于减少你检查尿色时的主观性的影响。但你需要知道的重要的一点是,尿色很容易受到某些药物、添加剂和维生素的干扰。除非你每天饮水过量,否则每天的尿量应该在4—8杯。

通常来说,身体健康者的体重变化有益于确定其含水水平。通过每天清晨测量你在不穿衣服时的体重,并结合第一次尿样的颜色或者尿量的方法,我们便能足够精确地检测身体偏离正常含水水平的程度。这种方法不仅简单,花费也小,而且能够准确地区分体内是否充分含水并确定缺水程度。[6,7]

含水不足的大脑和应激反应

让我们简要地复述一下导致释放应激激素的机制,并看看这将如何影响大脑。当我们处于"战或逃"反应的情况下,大脑处于高度戒备状态。当高度戒备状态是逃生的必要条件时,含水不足的大脑可能无法做出恰当的反应。大脑的下丘脑向肾上腺发出让它释放肾上腺素的信号,同时向脑垂体发出让它释放皮质醇的信号。它在通知我们现在需要补充水分的信息方面发挥着重要的作用。皮质醇让动脉收缩,并与肾上腺素共同作用,通过增加血压和灌注作用(把能量和营养从血液中输往器官和组织中)让血液更容易被身体各部分利用。当大脑处于慢性脱水状态时,这些生理反应可能会有所改变。[8]

当我们必须从一头野猪面前逃跑时,这一切都能帮助我们,但如前所述,长期处于高压环境下(特别是针对外界局势的长期高压反应)将会严重损害我们的身体和精神健康。回想一下,我们的肌肉、大脑和其他组织需要水分才能具备良好的功能。从生物学的观点来看,那头野猪本身在与人的搏斗中胜算比较大,考虑到这一点,身体脱水造成的劣势就更明显了。[9]

小 结

压力过大对你的大脑毫无益处。幸运的是,有许多方法可以对抗压力给大脑带来的负面影响。改变我们的环境、参与社会活动以及学习新事物,都可以在大脑的海马部分创造新的神经通路。我们将使用简单实用的技能,扩展这些想法,并进一步研究解决办法。

巫师大脑的小·建议

» 由于体液在身体中的重新分布和睡眠时长时间不饮水,我们的大脑尺寸在清晨时缩小得最快。

» 大脑需要大量的水才能处于最佳状态,但它没有地方储存水,因此我们需要整天为它供水。

» 脱水是睡眠不安稳、短期记忆丧失和精力难以集中等健康问题出现的原因之一。在更为极端的情况下,它可能是诱发阿尔茨海默病、帕金森病和肌萎缩侧索硬化的原因之一。

» 大脑的含水情况越好,它的养料供应、血液和氧的流动就会越多。这会改善思维表现。

» 你在清晨要做的第一件事是至少饮用16盎司(约473毫升)的温水。男人每天需要饮用100盎司(约3000毫升)的温水,女人每天需要饮用74盎司(约2200毫升)的温水。你可以像欧洲人那样饮用水和其他饮料,不加冰块。

» 清晨尽早大量饮水(水温尽量接近体温)是让你清醒并把亟须的水分带给大脑的极为有效的方式。

» 仔细检查你的饮用水的质量并采取防范措施,确保你和你的家人饮用有益于健康的水,这样做极有好处。

» 你可以用多种方法增加饮水量,如设置提醒方式、进行挑战自我的游戏,以及使用水追踪应用程序等。

» 高水平的应激激素可能会增加大脑损伤的风险并破坏神经通路。长期慢性压力甚至可能使大脑萎缩。

» 你可以用许多方法对抗压力对大脑的影响。改变环境、丰富社会经历和学习新事物,都会促进新的神经通路的生长。

» 我们的肌肉、大脑和其他组织需要水分才能具备良好的功能。

第六章
你的心脏和你的健康

　　拥有没有疾病的身体、没有颤抖的呼吸、没有压力的大脑、没有禁忌的智慧、不受困扰的记忆、能够包容一切的自我,以及没有苦恼的灵魂,是每个人与生俱来的权利。

——诗丽·诗丽·若威·香卡

清晨醒来时,你的心脏必须开始更加努力地工作了。它刚刚经历了7个小时的休息,现在突然需要超速运转,将血液输送至全身,让你能够起床活动。心脏是身体中最关键的器官。这块肌肉差不多有你合拢后的一个拳头那么大,而它有一些非常重要的工作要做:每天大约跳动10万次,负责把血液泵往全身。

心脏有四个小室——右心房、右心室、左心房和左心室。心房是接收血液的小室,而心室是将血液泵出并通过动脉输向身体各处的小室。

心脏在生物节律的强有力的影响下运作,它的功能随着一天中时段的不同而变化。例如,清晨心脏病发作的概率比其他时间高40%。因为根据生物节律,这时候的血压最高,而且正在进行的皮质醇觉醒反应也会加大心脏病发作的风险。当某一条为心脏提供营养的动脉堵塞时,会引发高血压,这是造成心脏病发作的重要原因之一。造成堵塞的物质叫作斑块,是由饮食中不健康的物质过多(如加工过的饱和脂肪和精制糖等),再加上吸烟和缺乏运动的生活方式共同造成的。

当你在清晨时分醒来时,你的身体从卧床姿势转为站起姿势,心脏所需要的血液比睡着时多大约50%。对于一个已经由于斑块堵塞而脆弱不堪的心脏来说,增加的血压与清晨时分不够灵活的血管共同作用,使得这时心脏病发作的可能性剧增。在美国,这是一个重大问题:心脏性猝死是自然死亡的主要原因,每年会夺取约30万人的生命。[1, 2]

另一个我们可以控制的变量是清晨时身体的运动状态。许多患者的心脏病发作是清晨起床动作过快导致的。[3]

美国心脏学会(American Heart Association)认为,清晨时分,你在不活动时的心率应为平均每分钟60—80次。如果你超过55岁而且有家族心脏病史,那么起床前定时测量心率不失为一个好主意。当然,如果你有什么担心,可以与医疗服务人员讨论。[4, 5]通常有几个因素或许会影响你的清晨心率,如身体的姿势、含水状况、健康水平、年龄和服药情况。一些健康情况较好的人的清晨心率可能低至每分钟40—50次。[6] 尽管身体状况良好是预防晚期心脏病的保护性因素之一，但有些人或许会罹患一种叫作心脏性猝死或者运动诱导性心脏性猝死的少见疾病。我们将在本书后面的章节中详细探讨运动相关问题。好消息是，与不做运动的同类人士相比，经常运动的人挺过心脏停搏而生还的概率要高1倍。[7, 8, 9]

最重要的事情是，你要知道自己的心脏的情况和与健康有关的风险因素。要想确定你的心率，你只需要从仰卧姿势转为坐在床上，手指按住手腕内侧的脉搏，数心跳15秒钟，将数的次数乘以4。方便起见，你可以用一块秒表，或者手机上的定时器。如果你决定用手机，那么要避免受到诱惑去翻看电子邮件或者最新新闻。

以下是创造更为平静的清晨的一些步骤：

·在前一天的晚上做出第二天的计划。你是否曾在早上像没头苍蝇似的跑来跑去，想要出门上班，但发现自己找不到汽车钥匙？如果你可以在前一天的晚上做出第二天的计划，就可以避免这类混乱局面的发生。你可以提前准备第二天需要的所有东西：找好上班穿的衣服，给手机充电，将汽车钥匙放在容易找到的地方。这将为你节省宝贵的时间和精力，这样你就可以从容地开始清晨的活动，做好迎接这个世界的准备。另一个非常有用的小建议是在前一天晚上写下第二天待办事务的清单，这样你就可以直奔主题，减少可能因忘掉什么事情而造成的压力。

·深呼吸。如果你去观察一下睡眠中的婴儿,就会发现他们利用腹部进行呼吸。用这种方式呼吸有据可依,因为这是他们在子宫里第一次呼吸使用的方式,那时候他们通过脐带接收氧气和营养物质。当他们长大了,就会与他们原本的身体脱节,通常会更多地利用大脑来生活,这时他们的呼吸方式也变了。他们开始用胸部进行浅浅的呼吸。

·横膈膜呼吸(又称腹式呼吸)。横膈膜呼吸能够扩张腹部的空间,让更多的血液泵遍全身,减少对心脏的生理压力。这种呼吸与思维具有内在联系,短暂而急促的呼吸对应的是暂时的、较快的和不集中的想法。长而慢的呼吸对应的是深思熟虑的、清晰的和专注的想法,因为此时大脑得到了更多的氧气供应。这样做可以降低心率、血压以及皮质醇水平,颇有益处。[10, 11, 12]

·为自己多留些时间独处。一些最深刻的、最富有影响力的想法和认识,经常是我们在独处的时候得到的。我们需要这样的时间自我反思,但这种时间很难得,除非我们把它作为优先事项,否则这是极不可能发生的。独处时间可以在黎明时分,因为这时你的思想还来不及坠入消极的思维模式;或者在午休的时候。无论在什么时候,你都要安排一个空当的时间,让它只属于你自己。你可以用它来做冥想、祷告、瑜伽或者其他运动,也可以在10分钟里什么都不做,让自己独处一段时间。这能让你得到宝贵的空间,你可以利用它反思生活中发生的事件,从而提高工作效率和注意力,更加珍惜与别人相处的时间。

- 最大限度地减少噪声和干扰。我们在清晨做的第一件事应该是把电视机、收音机和其他设备全部关掉,尽可能地把精力用于大脑,保持专注。如果可以的话,避免在清晨看新闻,因为新闻中的画面经常会令人紧张,不利于你在清晨保持平静的心情。
- 用令人愉悦的声音唤醒你。开启一天新生活的最糟糕的方式就是被声音很大的闹钟不合时宜地吵醒。反之,你应该用温和的闹钟叫醒自己,然后平静地迎接崭新的一天,比如用智能手机中的免费智能闹钟,从中选择一段可以用来唤醒你的优美音乐。闹钟的音量应该逐渐变小直至消失。这可以让你从睡眠中缓缓醒来,而不是惊慌失措地跳下床。

紧张、食物和你的心脏

许多人食用不利于心脏健康的食物,但只要简单地调整自己的饮食,就可以用简单易行的步骤改善心脏健康:

- 多吃富含 ω-3 脂肪酸的食物。因为我们的身体无法生产这种至关重要的脂肪酸,所以我们只能通过外来资源加以补充。ω-3 脂肪酸食物能防止血栓,从而降低罹患心血管疾病的风险。不妨试着吃以下美味的食品:核桃、亚麻籽、奇亚籽、大麻籽、巴西坚果、扁桃仁、腰果、开心果、榛子和蛋黄。健康的油脂也可以抵消不那么健康的精炼脂肪(如植物油)的影响。精炼脂肪会损坏血管。

・多吃含抗氧化剂食物。氧自由基会引起氧化性损伤,会破坏各种身体组织、细胞,甚至损伤你的DNA。衰老迹象的出现主要是氧化性损伤的结果。它是由代谢不太健康的食品、环境污染与各种毒素造成的。氧化性损伤会加速心脏病的发作,并与一系列与年龄和生活方式有关的疾病相关,包括癌症、糖尿病和心血管疾病。富含抗氧化剂的食物可以极为有效地清理给人体造成问题的具有破坏性的自由基。所有的水果和蔬菜都含有抗氧化剂,尤其是有机农产品,它们的营养价值通常更高,其中包括一些佼佼者如牛至、可可、姜黄、孜然、干欧芹、罗勒、姜、百里香、丁香、肉桂、暗红浆果或者蓝莓。"吃彩虹"(食用多种颜色鲜艳的食物)将为你的身体提供多种抗氧化剂,它们是维持甚至改善健康的极为重要的物质。

・少吃不健康的脂肪。少吃反式脂肪(通常存在于油炸食品的加工植物油中)会降低因为斑块堆积而堵塞动脉的风险。阿伽汗大学生物与生物医学科学系(Department of Biological and Biomedical Sciences, Aga Khan University)的一项科学研究表明,在禁止食用含有反式脂肪的食物20年后,丹麦全国的冠心病死亡率下降了将近50%。是的,这一项针对反式脂肪的禁令限制了汉堡、比萨和炸薯条等快餐。因为这些食物实际上不仅在营养方面毫无益处,而且其中含有多种添加剂、防腐剂以及调味剂,对人体没有任何好处。人们有意把它们做成让你容易上瘾的口味,以获取更高的利益。现已证明,它们会损害你的身心健康。[13, 14, 15]

巫师大脑的小·建议

» 尽管我们的心脏如此强大有力,但如果缺乏运动,或者饮食不合理,那么它仍然会很快遭受由此造成的重重压力的打击。我们为它提供的任何协助都是对我们自己和未来的一项投资。只要采取一些明智的行动,许多心脏病都是可以预防的。

» 有些变量其实是你自己可以掌控的。你可以亲手掌握你的身体健康的状态,保证自己有一颗终身健康的心脏。其中最重要的两项变量就是体育锻炼和饮食。

» 当你清晨刚刚醒来时,心脏要把血液泵遍全身,必须做许多工作。

» 在清晨,你的血压和皮质醇水平是最高的。

» 心脏病在清晨发作的概率更高,而且经常发生在人们起床时或者此后不久。

» 在美国,引起自然死亡的最主要原因是心脏病发作,它每年导致30万人丧生。事实上,这也是全球范围内的最主要死亡原因。

» 我们可以从饮食与环境着手采取措施,强化我们的心脏,创造平静的、没有压力的清晨。那么,如何才能让你的清晨更加放松?

» 当你在清晨时分醒来时,你的身体从卧床姿势转为站起姿势,心脏所需要的血液比睡着时大约多50%。

» 请你简单地调整自己的饮食,用简单易行的步骤改善心脏健康。

第七章
体温的重要性

生活中10%的事情发生在自己身上，90%的事情是对其做出的反应。

——查尔斯·史温道尔（Charles Swindoll）

热是生命不可或缺的元素。没有它我们就会死亡,但另一方面,热太多了我们也不好过。这是一种微妙的平衡。人们认为,最佳体温(也叫正常体温或者适中温度)在97.7° F(36.5° C)至99.5° F(37.5° C)这一狭窄的范围内。

身体可以通过自我调整,把体温维持在正常的范围内,这种强大的能力令人叹为观止。这是保证所有的机体功能正常运行的理想温度,这些功能包括血液循环和控制酶参与细胞反应。当病人去咨询医生时,医生经常会给他测量体温,因为通过这一点,医生可以得到很多关于病人身体状况的信息。

体温过高可能会引起发烧,甚至在极端情况下会引起中暑、癫痫和脑损伤。但如果体温过低,低于95°F(35°C),则会引起低温症。所有这些体温的极限状态和由此引起的病症都可能致命。人们认为,只要超过或者低于平均体温5°F(2.8°C)就是危险的。

体温会随着生物节律波动,也会因季节、环境、个体、进食或者饮水的习惯而有所不同。[1]通过检测流经大脑的血液温度,以及皮肤上关于环境温度的受体发出的信号,下丘脑可以感测体内和体外的这些变化,然后据此调节体温,不断寻求稳态,即平衡。我们称这一不可思议的过程为体温调节。这个过程消耗了我们获得的许多能量。有人估计其能耗高达我们的日常摄入热量的70%。[2, 3, 4]

稳定睡眠需要的理想体温

一天之内,每个人的体温通常会有0.5°C(不到1°F)的波动。最低的体温水平出现在凌晨,也就是在你醒来之前的几个小时内,而峰值出现在16:00—18:00。包括人类在内的大部分哺乳动物在体温较低时睡觉,在体温达到峰值时活动最激烈。根据这种观点,下午是运动的最佳时段,因为这时体温达到顶峰,而夜间和凌晨是睡觉的最佳时段。

体温可以影响我们的睡眠质量。荷兰神经科学研究所

（Netherlands Institute for Neuroscience）的研究人员发现，体温调节在我们的睡眠质量上扮演了重要的角色。因为生物节律使得清晨体温较低，所以只要确保外界条件让身体的核心温度降低一些，就能改善睡眠质量。[5]他们认为，人们在夜间睡眠时能够自己进行体温调节，采取的手段是：太热了就踢开被子，让皮肤暴露在较低的气温下。

为了帮助你提高夜间睡眠质量，我们建议卧室温度保持在65° F（约为18°C）至72° F（约为22°C）之间。然而，这一温度范围也因人而异，你需要通过试验找出有利于你保证睡眠质量的温度。如果你没有恒温装置，那么可以通过改变环境以获得充足的休息，即少穿或者不穿衣服，盖薄被子或者打开卧室的窗户。

压力对体温的影响

焦虑会引起体温变化，尽管其程度通常不会引人关注。当人们面对压力并经历"战或逃"反应的时候，血管会收缩（血管的尺寸变小）。这种收缩会降低体温，而焦虑也会导致换气过度（呼吸过频），从而进一步降低体温。总之，我们可以说，手脚温暖说明人们很放松，手脚冰凉说明人们感到紧张。这是由血液在体内流动造成的。处于"战或逃"反应期间的身体承受着压力，血液会被重新分配，从四肢流向至关重要的器官，以支持"战或逃"反应。因此，我们的手脚这时摸上去会冷一些。[6]

这种体温的波动有时候会让人觉得不舒服。如果有人长期处于压力之下,他的日常生活就会受到干扰。可能有多重机制在体温受到压力或者焦虑影响时起作用,但在这些情况下,调节体温的最关键的因素是直接针对造成压力和焦虑的原因采取行动,或者找出针对这些原因的更加谨慎的方法。[7,8]

如何保持体温

下面是一些让你的体温维持在最佳区间的方法:

·锻炼身体。体力活动能保持身体温暖,是由于肌肉运动产生的副产品——热。同时,这也能增加身体对热的耐受性。[9]

·保持高含水量。脱水会使体温升高。发高烧时,身体内的液体会通过出汗的方式来降温。如果体内的液体不足以支持出汗这一冷却功能,下丘脑就会向肾脏发出指令,让它减少从血液中提取水分,于是我们会感到口渴。如果身体中没有足够的液体降温,体温就会持续上升。当你运动或者长时间处于炎热或潮湿的气候中时,必须确保大量饮水(为了保持含水量,水确实是你可以选择的最佳饮品)。[10,11]

·天热时吃热的、辛辣的食物。夏天吃冰激凌是一大消遣方式,不计其数的人对此乐此不疲,但这确实是一种人为行为,不符合大自然的机制。你能想象我们的远古祖先在炎热的夏天吃冰激凌吗?虽然这种做法的直接效果是让我们的身体感到凉快,但制冷效果很快就会消失殆尽。在印度、中东、非洲、加勒比海沿岸和南美洲等热带地区,人们会在炎热的天气吃热的或者辛辣的食物。这是因为它可以通过让身体出汗来达到降温的目的,调节人体的核心温度,使之接近外界温度。[12]

正如我们所见,体温对于我们日常生活的许多方面都具有显著作用。

小 结

理想体温为97.7° F—99.5° F(36.5° C—37.5° C)。这一温度区间是进行各种生理过程的最佳温度。体温过高或过低都将导致出现健康问题,在极端情况下会危及生命。体温是由下丘脑和生物节律调节的,在清晨略低一些,在下午略高一些。现在你已经打好了基础,能够理解体温是怎样在清晨和一天中的其他时间影响身体的,而且也知道体温调节为什么要这样做了。

巫师大脑的小·建议

» 体温可以影响我们的睡眠质量。人们认为，65°F—72°F（约为18℃—22℃）的室温是理想的睡眠温度。

» 长期压力会影响体温。一般来说，某人承受的压力越大，他的体温就越低。这是因为缺少流向身体的血液。

» 你可以做一些事情帮助身体保持理想温度，包括运动、经常补水，以及天热时吃热的或辛辣的食物等。

第二部分
清晨的思维和身体

第八章
养成并保持自律

唯一能够长久持续的纪律是自律。

——巴姆·菲利普斯(*Bum Phillips*)

充分利用清晨等同于充分利用生命。中国儒家经典《礼记·大学》里说:"心正而后身修。"这一点也适用于清晨。如果你在清晨养成了良好的习惯并建立了高效模式,那么这个基础将会为你的每一天开一个好头,促使你在余生中养成良好的习惯并建立高效模式。在接下来的几章中,我们将要探讨的是:如何使用具有智慧与创造性的工具充分利用好清晨的时间。最重要的是,我们将探索如何通过自律来掌控清晨,这是一种可以将你的生活中令人不快的一面转化为非凡经历的技能。

自律是激励与协调我们的努力和活动的能力,能改善我们的生活质量。它包括周密的计划、组织、延迟满足感,以及走出自己舒适区的意愿。如果你不熟悉这些事情，它们看上去就会让人感到恐惧与敬畏，但不要担心，这样做的人并非只有你一个。遗憾的是，虽然这是一种人人都可以学会的技能，但大多数的人并没有真正做到自律。你需要的只不过是想要改善生活质量的意愿，然后下定决心去做。一旦你走出了第一步，就已经勇敢地踏上了一条辉煌之路，这条路会让你与周围的人得到许多奖励。

为什么我们不自律

在现代社会中，我们基本上看不到自律的价值。广告抓住了我们内心较为脆弱的一面，吸引了那些想要立即得到满足感的人。我们受到它的指引，希望得到我们并不需要的东西。例如，在看完一个30秒钟的广告之后，掌控大权的蜥蜴大脑可能会让我们完成一个转变，即从一个并不需要150美元的闪闪发光的鞋子和美味的"宵夜"冰激凌的人，转变为立即想要这些东西的人。有些时候，我们并不在乎我们感兴趣的产品是如何制造的，也不在乎它是不是真的像广告中说的那样诱人——我们想要它，只是因为它不仅看上去如此光鲜新颖，而且能在一瞬间让我们忘记烦恼。

即时满足的问题是它经常会给我们带来长期的困扰，如成瘾、健康问题和经济问题，而且导致我们无法痛下决心去培养让自己变得强大的习惯。例如，某些我们真正想做却需要持之以恒的努力才能受益的事情,包括写一本书、学习一种乐器或者学习一种新的语言等。我们曾经多少次对自己说"等明天再做吧"。结果经常是这个明天永远不会到来。

即时满足与不负责任是密不可分的。如果我们后退一步,从社会与全球的角度来看待问题,这种即时满足和不负责任的态度就会造成生态破坏和经济灾难。许多人无力地看着世界,抱怨道:"我又能怎么办?"这句话表明的态度完全出自所谓的受限心理,正是它将世人分为两类:其中一类人能够取得卓越的成就,让世界有所改变;而另一类人只能碌碌无为地随波逐流。你不需要去拯救世界,充实的生活会让你自己与其他人产生引人注目的变化,不过,这需要长时间的思索和自律。[1]

人们喜欢充当受害者,为了生活中的问题和困难而去指责他人,并制造一种无能为力的感觉,这样他们就可以逃避责任,而不必采取争取实现积极的生活变化的措施。他们就这样"刚好"成为生活的受害者。反之,自律的人们对自己负责,用他们自己的力量创造想要的生活。这两种人之间的距离仅仅在于一种观念上的转变。你想要成为什么样的人:受害者还是能够承担生活的全部责任并具有影响力的人呢?

你希望通过阅读这本书来改善你的清晨和生活,而这本书能够带给你的,就是为你提供这样做的工具和驱动力,让你控制自己,为自己充能。最终,决定性的因素是你自己,你要对自己负责任,并将从这本书中学到的东西应用于生活。

对于某些人而言,"纪律"这个词带有惩罚的含义,好像他们因做过什么错事而受到了惩罚,必须为此去做些什么事一样。然而,自律其实刚好是惩罚的反面。它可以让你从生活中获得更多东西——更多的时间、金钱、保持身心健康的方式,以及把自己放在首位的愉悦感。是的,你或许会为了养成自律放弃一些东西,但在这一过程中,你得到的东西更具有意义。

中国台湾的中山大学做的一份研究发现,那些能够延迟满足感的人,会在健康、财富和幸福方面收获长远的奖励。[2]另一份由宾夕法尼亚大学(University of Pennsylvania)所做的研究发现,对于八年级学生(美国的学生,年龄通常为13—14岁——译者注)的学业成绩来说,自律是比智商更重要的因素。[3]这种成功的心态是可以培养的,自律是一扇你需要穿过的大门,跨过去才能遇见更优秀的自己。[4]

如何养成更严格的自律

自律就像一块肌肉,必须经常锻炼,才能成长。"重复"是学习之母。通过持续的努力,自律会变得更容易、更自如,直至达到自动化的地步。自律是一种能够让你达到你所设立的任何目标的技能。下面给出8种方法来帮助你通过学会自律来达到目标、成功应对挑战并克服困难。

方法1
弄清抗拒何在

挑战抗拒

养成自律的最大障碍来自你的思想,它常以抗拒的形式出现。抗拒(即不愿意做出任何改变,包括形成积极的新习惯)是阻碍你获得任何成功的最大的敌人和障碍。学会自律意味着你要放下自己的抗拒并跨出舒适区。这种做法会让你成长与发展,但会让你感到不舒服。

我们的自我不喜欢这一点,它们认为留在"熟悉的圈子"内更安全。它们将通过对你说一些会让你感到消极沮丧的话的方式予以抵抗,诸如"我做不到这一点""我真的不想这么干""为什么我需要牺牲业余时间这么做?""为什么我必须改变?"等。

所有的心理学理论都能在每个人的精神中确认多重自我。[5]我们都曾在某个时间点听到过这种阻挠我们做某件事的声音,只要我们想要做一点对自己有益的事情,这时候就会面对来自内心的挑战。我们很可能不知道,这种声音实际上是在损害我们最大的利益。

你能理解这一点吗？或许你曾就清晨起床的问题进行过内部"辩论"，你的一部分思想（来自精神）鼓励你起床，让你勇敢地开始新的一天，告诉你自己会因此获益。与此同时，你的另一部分思想（来自大脑）提醒你已经困倦到了何种程度，你的被窝多么舒适、多么温暖，而且建议你取消所有你为这天清晨安排的工作、活动和会议。你会听取哪一个声音的建议？你喜欢听谁的？[6]

克服阻力

了解你自己。没有人比你更清楚是什么阻碍了自己，让你无法成功地做某件事。你的抗拒是一种潜意识的力量，它反对改变（任何变化，无关好坏）。它用它可以使用的所有策略，阻止你离开自己的舒适区。它经常用一种非常狡猾的方式与你的意识思维进行沟通，给你一种这样的想法："这也太难了吧。何苦呢？"你可以通过预测自己会对逆境有什么反应，然后比你的抗拒领先一步。如同准备商业谈判一样，你准备得越充分，取胜的机会就越大。

弄清楚你想要取得的成功（你的目标）和你的抗拒（即时满足和留在舒适区里）之间的内在区别，是克服阻力的关键一步。当你抓住了那个反对的声音并意识到是它在阻碍你的成功时，你就占据了继续前进、克服这一阻力的坚固阵地。

下一次，当你开始一个会让你产生抵触情绪的新项目或者新行动时,请记住这一点:你内心深处有一部分不愿意改变。倾听并承认这一部分的想法,但坚决否决它的要求,不理会它的抗拒和借口,并坚定你要实现的目标并清晰理解目标带来的好处。在采取行动与开始为达到目标而工作之前,写下你知道的你可能使用的方法,用它们来克服你内心深处的抗拒声音所造成的障碍。[7]

方法2
针对每种结果制订计划

你的自我意识具有不可思议的天分——尝试用一切借口来阻止你走出自己的舒适区。例如,你想养成跑步的新习惯,但在第二天起床后,发现室外要比你预期的冷得多。你不想跑步的抗拒心理将产生类似于这样的借口:"太冷了,我不去了!"这太聪明了。你或许会找到这样的借口:"如果太冷,那么我可能会受伤。最好还是别去了,以防万一嘛!"这些借口直接阻止你掌控自己的生活,阻止你的自律、成长和发展。保持自律就是认识这些由自己创造的障碍,并做出规划,选择积极地克服它们。

克服对于规划的障碍

你定了一个需要实现的目标,比如第二天要早起跑步,同时又定了一个"即使如何"的预先假定。罗列你实现目标前可能会遇到的障碍,并用一个你对自己的承诺来克服每一个障碍,坚定即使这些障碍真的出现也要实现目标的决心。

例如：

目标	即使……也要去做
明天晨跑30分钟	我没睡好觉；下了雨；天太冷；我不喜欢跑步
星期天粉刷备用卧室	外面天气绝佳；我接到邀请去和朋友一起好好玩乐；我觉得自己不愿意刷墙
这周为我的期末考试学习5个小时	我睡得太晚；我不得不暂时停止我的社交生活；我觉得自己不喜欢学习

同样，这是出于个体对自我的了解。因为人人都会面临挑战，所以克服它们的关键在于那个抗拒的声音就什么事情制造借口。你越能清楚地认识到自我抗拒的无数表现形式，就越能坚定实现目标和坚守望自律阵地的决心。当你下次为自己设定需要达到的新目标时，可以创建一个像上面这样的表格，这样就可以预见阻碍你前进的所有方式。

你会为自己不愿意改变而找借口的创造性与聪明才智感到好笑，请你好好记住这个感觉。它就像正在做自己的"工作"那样，试图让你"安全"地留在你的舒适区里，但你（这是"真正的"你）可以击败它，预见它的伎俩，做到这一点的同时实现自己的目标，并在生活中取得更大的成功。你越是让你的自我取胜,它就会变得越强大。你越是能够击败它贪图享乐的愿望,就越能迅速地成长。那种舒适区只是暂时的:你一旦跨了出来,就会有一个全新的舒适区供你探索。[8,9]

方法3
做好为赢得胜利而放弃某些东西的准备

为了实现你的目标,你非常有可能为了得到一些东西而对自己施加某些限制。这些限制可能是较少的自由活动时间、较少的社交活动、较少的金钱、较少的垃圾食品、较少的看电视时间,或者较少的身体愉悦。不利之处是,你将丢失当前生活的某些方面;但有利之处是,通过这种自我规定的牺牲,你将获得一些新的且好得多的东西,而且这些与你选定的人生之路是积极对应的。

例如,某个在现场演出的人每周会拿出几个晚上的时间用于练习。这位音乐家或许会错过自己喜欢的电视节目,或者没法去酒吧,但他一定会获得更多的利益:在舞台上演出的享受、人们的赞赏与热情、社会荣誉、为自己热爱的事业工作而得到的报酬、因为努力工作而获得奖励的充实感,还有一种团体活动形成的社会纽带。尽管回报超过了牺牲,但抗拒的声音还是想要一直舒服下去,去竭尽所能地让这位音乐家满足现状。

通过给予来突破获得的极限

这需要你对目标的整体利弊有一个清晰的认识。你的目标会给你带来哪些好处,又会造成哪些不便?抵抗的声音会提醒你,你将失去哪些好处,尽全力地说服你,让你相信你的目标配不上你的诸多努力。通过有意识地认清利与弊,你将准确地知道自己在追求目标的过程中会得到什么、失去什么,而且会发现事情远没有你的抵抗声音让你相信的那么糟糕。

目标	利	弊
每天早上冥想30分钟	可以集中注意力,变得冷静、放松,平衡情感,改善免疫功能,提高自我评价 可以减少焦虑和担心,降低血压	上床、起床都必须早半个小时,必须练习自我控制
到8月以前要节省1000美元出去度假	应该出去度假,看一个不同的国家,体验新的文化,认识新朋友,获得新经验,享受与朋友们一起旅游的乐趣,享受乐趣、放松、探索	3个月的时间内没法买我不需要的新衣服

（续表）

目标	利	弊
改进饮食，在4个月内减肥20磅（1磅约等于454克）	更加健康，更有精力，改善睡眠质量，能穿上我的夏季衣服，自我感觉良好，看上去更吸引人，增强信心，降低血压，降低生病的风险	没办法吃垃圾食品，没法跟女朋友一起下馆子，没法依靠吃很多垃圾食品让自己感到舒服——必须另找办法来调节我的情绪

每当你设置一个新目标，都要制作一个类似上面的表格，写下完成这个目标的利与弊。这有助于你看清形势：提醒自己会遭受的损失，以及得到的好处。在清晨时分找时间审视你的目标及其利与弊。这将给你提供一些新的想法，让你一直充满动力，坚持自律。

方法4
自我奖励：自我补偿的挑战

面对现实、强制自律和打破旧习惯可能会让我们很痛苦。这意味着你必须放弃一些东西，限制自己，走出自己的舒适区。当然，这一切最终都是值得的，但有时实现目标的奖励不足以让你忍受你的抗拒心理带来的批评和抱怨，尤其是当你想要实现长期目标的时候。因为在这种情况下，你可能需要一段时间才能看到结果。

通过自我激励克服困难

奖励是一个具有令人难以置信的强大威力的工具,能够激励你实现目标。将奖励视为与"大棒"相对的"胡萝卜",是一种通过让你的抗拒心理尝点甜头来避开它的方法,而你可以同时养成自律。

每当你实现了一个目标、一部分目标或者一定数量的目标时,就应该给自己适当的奖励。此外,要确保奖励是合适的。例如,如果你的目标是健康的饮食,那就别用一顿垃圾食品来奖励自己。如果你的目标只是一个小的成就,如完成家庭作业,那就给一点与之有关的奖励,如奖励自己一个小时的时间来阅读喜欢的书。

你不需要把奖励设成非常庞大的东西,通常简单的东西就可以发挥效用了。只不过,它必须是你期待的。如果你把一个大目标分解成几个小的步骤,这种情况下的奖励就特别有用。这时你可以每完成一步或者几步就让自己得到一次奖励,这样你会一直受到激励,直到实现总目标。

下面是一些有关自我补偿的建议:

- 到公园或者野外放松一下。
- 一个人安静地在家待一个晚上。
- 和你的家人出去吃顿饭。
- 买一张新的CD。

・买一本新书。

・做爱。

・去玩。

・做一次按摩。

・舒舒服服地洗个澡。

・去海边。

・参加一个免费的在线课程。

・做点有创造性的工作,如画油画或者素描,也可以用乐器演奏一首曲子。

・去度假。

・买几件新衣服。

・做你最喜爱的运动。

有时候,单是列举你的成就便已经是足够的奖励了。你可以使用一份挂图图表或者给待办事项清单(如果你愿意,用彩色贴纸也可以)里的完成项定期做记号——这些都是能够让你产生成就感的极大的奖励。什么样的奖励对你有效呢?

方法5
将你的目标分解成可控的步骤

为了试图阻止你实现目标,你的抗拒心理所采用的方法之一是:告诉你这样做太复杂或者要干的事情实在太多。许多人对于他们希望实现的目标有着宏伟的愿景，但要做到似乎是不可能的，如要减掉身上大量的脂肪。有时候，我们定的目标（巫师大脑执掌大权）与我们现在的处境（蜥蜴大脑发挥作用）的距离如此遥远。这让我们感到麻木并开始拖延行动，导致结果毫无进展。

通过分解目标，克服实现目标的障碍

通过制定纪律来实现大目标可能会很难，但如果你把大目标分解为一个个小目标，通过自律实现每个小目标的可能性就会大大增加。同时，实现每一个小目标都将给你带来一种满足感与成就感，也将给你带来很大的勇气，促使你实现整个目标。[10]

例如，你的目标是找到一份你热爱的新工作，但这个目标你没法一下子完成。你可以将其分解成一系列需要完成的步骤，每个步骤都要有合理的最后期限。例如，如果你的主目标是找到你中意的新工作，那么你或许需要把它分解成以下几个简单的小目标：

- 目标1：弄清楚自己想做什么工作。
- 目标2：学习申请这份新工作所需的新技能。
- 目标3：更新简历。
- 目标4：把简历发给5个潜在雇主。
- 目标5：成功得到一次工作面试机会，接受一项极富竞争性的工作。

・目标6：就辞职问题提前通知你现在的雇主。

通过这份清单，你或许可以看出，每个小目标甚至都可以进一步分解，然后形成一个详细的分步计划表，每一项都是更小的、更容易完成的任务。于是你可以逐步实施计划，以天为单位，有条不紊地实现你的大目标。因为你的计划实施得很缓慢，所以就绕过了你的抗拒心理，结果你的抗拒心理（或者说蜥蜴大脑）完全没有机会意识到这将会带来多么重大的变化，而你则会在这个过程中变得更加自律。提前在前一天晚上定好你的每日目标是一种让你在清晨就做好行动准备的强有力方式！

考虑使用SMART目标［S代表"具体的"（specific），M代表"可测量的"（measurable），A代表"吸引人的"（attractive），R代表"现实的"（realistic），T代表"有时间性的"（timed）］。这能让目标更为明确，促使你把它从想象的范畴拿出来，放入切实的行动中。让我们用以上寻找新工作的做法为例，第一个目标就是"弄清楚自己想做的工作"，对应的SMART目标的流程如下：

・具体的：我将每天用30分钟浏览工作招聘网站。

・可测量的：我要把我花的时间和所考虑浏览的网站输入一份电子数据表中。

・吸引人的：在浏览网站时，我要看看哪些工作能让我产生灵感，并从中找出让我感兴趣的职业。

・现实的：我将利用在火车上的时间做这件事，而不是再去浏览Facebook上的更新。

・有时间性的：我将在两周内的工作日里这样做，总共进行5—6个小时的研究。

这种水平的详细程度让它变成了一个更容易实现的任务，因为其中有清晰的界限，而且你已经通盘考虑了在实际中实施这些任务的方式、原因和时间。你想为自己制订什么样的SMART计划呢？[11]

方法6
认识你的进步

我们在完全不知道我们身体内部有如此消极的心理的情况下长大成人，因为这种情况是如此普通，以至于我们觉得它完全是正常的。除非我们积极地选择相反的做法，否则对自己的评价总是太低，内部的自我谈话也总是令人气馁。我们的社会中有大量对自己批评、怀疑的负面内部对话。这可能会成为自我发展与进化的一个重大障碍，会对自律和抗拒声音之间的平衡产生显著的影响，而且我们通常会支持抗拒的一方。

通过欣赏你的成长克服困难

人人都有感觉良好的资格，你比任何人都更有能力证明自己，认识自己的价值。你可以用积极的、令人受到鼓舞的自我话语对抗体内的抗拒声音。这是一种强有力的工具,能够在你的脑海中通过凝聚取得成就的积极结果来逐步消除你的抗拒,帮助你建立信心、学会自律。

对你的成就表示赞叹是学会自律和建立自尊的绝佳工具。当你需要走出你的舒适区才能实现目标时,简单地在内心深处或者出声地对自己说一句类似下面的话:"干得好,老伙计!""真漂亮!"或者"没错,我做到了!"这是一种不可思议的强大武器,因为正是你自己让这件工作得以完成。对你自己和你的成就发表一通赞扬会让你有一份好心情,也会让你有精力取得进一步成就,进而让你取得的成功形成回路,反过来为你充能。

制订一个你必须走出自己的舒适区或者必须处理困难局面的时间表。每一次,你的抗拒心理都会告诉你,你没法实现自己的目标。但你要时刻提醒自己,你有力量且取得过成功,以此与它对抗,并向自己确认能够实现的目标。你会为什么样的成就感到骄傲?这可以是一件很小的事情,但它们可以积少成多。

方法7
看到你的进步

在走向自律的道路上,你无法信任你的大脑,无法让它去记住你已经取得的成就或者你想要取得的成就。你需要把握的信息实在太多,而且需要躲开许多障碍。当你觉得自己毫无进步的时候,你的抗拒心理就会习惯性地悄悄袭上心头,并抓住大好时机发声质问:"为什么你还要坚持做这种事?"不要受它的影响,这种声音会让你无法实现自己的目标。

通过坚持自我改善之路克服困难

记录进步是促使你成长与发展的有力方法,因为它可以让你看到自己已经取得了多大的进步,从而激励你继续前进。你很容易忘记你取得的全部成就,然而,一旦有了一个提醒你的东西,你就可以定期翻看它,并且不断地在成长的图画上添上几笔,从最初为了实现目标的微不足道的起点开始,一直走到实现它的胜利的终点。

为了记录你的进步,你可以将方法5("将你的目标分解成可控的步骤")和方法6("认识你的进步")中的技能合为一件工具,从而帮助你经常更新与回顾你为实现目标所做出的努力。你可以利用该工具记下日期、行为、所花费的时间、下一次应该怎样改进的方法,还有哪些地方做得很好的事项。

请把这些进步的记录保存在一个地方,它可以是一本笔记本、手机的一个笔记应用程序,或者是计算机的一份电子表格。无论你用什么方式记录你的进步,都一定要让它成为一个你喜欢与它互动的东西，就像一本崭新的笔记本，你可以用彩色钢笔记录你在这个过程中一路走来的欢欣往事。如果你是一位热爱信息技术的数码爱好者，那么也可以找出一种方法，把这项工作变成一个你喜欢的文件或者应用程序。能让你全神贯注地进行这项工作的方法越多，你就越能够减少对改变的抗拒，你的自律就会变得越发有力。一旦你能够看到自己所取得的成就，就会毫不费力地令那些说你无法达到目标的内部言论闭嘴。

方法8
分心和诱惑

如前所述，你的大脑会尽其所能地让你避免做你应该做的事情，因为这些意味着让它走出自己所在的舒适区。与需要实现你的目标所需的努力相比，本来最为平凡的工作，如打扫房间，也似乎突然变得非常吸引人了。在这些脆弱的时刻，大脑将会更愿意徘徊在那些看上去更令人愉悦的事情上。因为让它沿着你实现目标的道路前进将会耗费你巨大的精力，就像放牧一群难以驾驭的大象一样。

克服你内心的斗争

让自己轻松一点。每当你在你的抗拒与渴望成功的雄心之间进行内部斗争时，都将用尽你本来可以用来实现目标的时间和精力。你应该反思有哪些事情阻挡了你前进的步伐，从而完全避免这些内心斗争,然后在你周围的环境中去除让你分心、诱惑你止步的因素。

　　这种事情非常主观,完全取决于你自己和你试图实现的目标。如果你正在节食,就不要在冰箱里塞满经过加工的食物。如果你很容易因为观看节目或者浏览Facebook而浪费时间,就应该设置应用软件拦截它们。如果你需要在周末之前完成一项重要的工作,但通常会因为在DVD上观看喜欢的电视剧而睡得很晚,就应该把DVD交给一个朋友保管,到周末再拿回来,或者取下电视机插头上的保险丝。通过做任何可以为成功创造最佳环境的事情,并将这些事情与奖励相结合的方式,你就可以远离阻挡你实现目标、取得成功与保持自律的事物。

小　结

　　自律是激励自己实现目标与提高生活质量的能力。自律并不是有些人天生具有的能力,而是一种任何人都能学会的技能。自律包括规划、延迟满足与走出自己的舒适区。在欲望泛滥的现代社会中,自律是一种被人低估的能力。自己像一个受害者的感觉会使你停留在舒适区内,不肯承担责任。为了成长和更好地掌控你的清晨与生活,你必须走出这个舒适区。对学生们的成绩进行的研究表明,就取得成功而言,自律比智商更重要。

巫师大脑的小·建议

为了培养自律,你可以使用各种方法,其中包括:

- » 确定你的抗拒并认识它。
- » 规划每一种结果。
- » 罗列实现目标的利与弊。
- » 当实现目标时奖励自己。
- » 将大目标分解为可以控制的小目标(SMART目标)。
- » 认识并记录你的进步。
- » 除去诱惑你、让你分心的东西。

# 第九章
养成为自己充能的习惯

> 我做出了一个承诺,要完全断绝与饮酒和任何其他可能妨碍我、不让我的大脑与身体契合的东西之间的关系。于是,善的闸门向我打开,精神和财富的洪流都向我涌来。
>
> ——丹泽尔·华盛顿(Denzel Washington)

据说，我们会被自己的习惯左右。习惯是由多年的重复行为形成的，是对特定环境的自动反应。有些行为变成了自动反应，那是因为我们已经做了很多次。每当我们重复一个习惯，它就通过我们的神经元轴突的突触发出电信号，加强我们大脑中与此相关的神经通路。这些神经通路开始时就像很短的窄道，我们对它们刺激得越多，它们就变得越宽阔，逐渐成长为"道路"，然后变成"高速公路"。

最终，当足够多的神经冲动通过了某个神经通路之后，这些行为就变成了下意识的。例如，当你学会了骑自行车或者开汽车之后，就"突然开窍"了，不再需要有意识地考虑该怎么做。一旦达到了这个阶段，蜥蜴大脑便进入自己的舒适区，当我们这样做的时候，它就不会再抗拒。

只要这些习惯对我们的身体有好处,就像洗澡或者刷牙一样,一切就都没有问题,但我们经常有一些对我们有害的习惯,如吸烟或者吃缺乏营养的食物。从根本上来说,完美的清晨基本上就是由一系列积极的习惯组成的。清晨是做出变化的最佳时间,因为当我们醒来时,我们的大脑正在进行调整,适应一个新的环境。因此,我们可以充分利用这种与生俱来的新奇现象。[1]

加拿大麦克马斯特大学(McMaster University)的一些研究人员认为,意志力是一种有限的资源,在清晨时分处于最高点。[2]尽管这种资源是有限的,但人们也可以通过培养新习惯的方式发展与强化它。清晨是我们的意志力最强大的时刻,因此这时是我们能够克服蜥蜴大脑的抗拒、培养新习惯的最佳时刻。

如何培养新习惯

和学习任何东西一样,我们是通过重复行为养成旧习惯的,所以,培养新习惯亦是如此。利用置换理论,我们可以成功地培养新习惯。例如,你有一杯脏水(代表着旧习惯),然后不断地把清水倒进杯里,最终清水会置换脏水,或者说把脏水挤出去,你很快就会得到一杯清新、干净的水。运用这种方法,你可以养成一个可爱的充能习惯。

《纽约时报》的作家查尔斯·都希格（Charles Duhigg）确定了一种他称为"习惯回路"的东西的存在，即决定所有习惯的机制。这一回路有三部分：提示、常规行为和奖励。例如，当你开车等红灯时，回路表现为：

1.提示。交通灯变绿了。这是让你行动、触发习惯行为的提示。

2.常规行为。你开车通过了交通灯。这就是自动行为，或者说习惯。

3.奖励。你安全地开车通过了交通灯并继续向前行驶。这就是你按照习惯行事得到的奖励。[3]

提示触发了大脑中的一个信号来启动自动的习惯行为。这引起了常规行为，它是由奖励驱动的。为了得到奖励，人们更愿意在回路开始时按照提示行事，因为大脑预期能够得到奖励，这会降低蜥蜴大脑的抗拒。一旦你明白了这种习惯回路，就可以有效地培养新习惯。下面是针对培养新习惯的一些有用的小窍门：

1.为习惯设立优先级

当你知道了改变习惯有多么简单之后，会想要对你生活中的所有方面做出调整。对于每个你想要加以培养的方面，请花点时间考虑一下：围绕这个话题你需要培养什么样的充能习惯？这里有几个方面供你考虑：健康、财富、社交、工作、爱好、自尊、思考、时间管理、生活目标和掌控清晨。

2.一次关注一件事

因为我们在清晨的意志力有限，所以如何使用这种力量就变得非常重要。你可以将你的精力集中在一个你想要培养的习惯上，如吃一顿健康可口、营养丰富的早餐，并将意志力专注于这项任务，直到它成一个新习惯，这时继续这样做所需要的精力和意志力就会少得多。

培养新习惯所需的时间取决于你在做出这个改变时遭受了多大的抗拒。对于和旧习惯相差很大的新习惯，培养它会非常不易，因为此时你的蜥蜴大脑会本能地做出反抗。如果你的目标是在一次远足中行进12英里（1英里约为1.6千米——译者注），而你现在连走上一阶楼梯都会上气不接下气，这时就应该考虑将这样一个宏伟的目标分解成更容易实现的小目标。每一次的小改变将积聚成为巨大的转变，从而使这种做法更有效、更持久。

3.按照事前确定的行动日程表全身心投入工作

培养新习惯必须投入时间和精力。当你开始培养新习惯时，先确定自己打算花多长时间做到这一点，并在日历上注明完成的日期。在一个月过去后，你应该从你的行为与习惯上看到显著的不同。在开始之前，请写下你希望取得的成就、每星期练习这个新习惯的频率，以及练习的时间和地点。

这个规划也将决定你在什么时候或由什么东西触发这次行动。一旦有了具体的目标，你就会觉得自己有坚持这样做的责任。一旦你自己确定了这些要点，就要尽量说到做到。如果你"旧病复发"，就要赶快回归正途。

4.奖励你的成功

这一点是习惯回路的最后一个阶段，也是最重要的一个阶段，但人们经常忽视它。当你养成新习惯时，一定要给予自己适当的奖励。作为奖励，它必须是一样能够激励你彻底养成新习惯的东西。对有些人来说，简单地祝贺自己干得漂亮，或者在奖励海报上打上一个大大的"√"就行了。

5.捆绑习惯

在你的大脑中，既有习惯的神经通路就像是交通繁忙的大道。你可以培养一个新的习惯，并让它和既有习惯建立联系，这样它就能利用已形成的通路了。这种利用既有习惯培养新习惯的方法要比完全重新开始培养新习惯快得多。

例如，你想养成在清晨锻炼身体的新习惯，而原来已经有每天清晨阅读报纸的习惯,这时候你就可以在运动之后立即阅读报纸,这样便自然而然地把两个习惯联系到一起了。捆绑习惯能让你在更短的时间内养成新习惯,而在此阅读报纸变成了对你的奖励。不妨思考一下,你可以把哪些习惯捆绑在一起,让改变的过程在你身上变得容易呢? [4,5]

确认的力量

习惯的另一种形式是确认。确认是一种对目的或者信念的陈述,你可以说出声来,也可以默默地在心里说出。我们具有的任何信念都来自对经验的思考,然后我们会对它们以评判或者确认的方式做出处理。如果你小时候曾在动物园里有过不愉快的经历,那么或许会因此形成一种信念——动物园是个吓人的地方,并对它发表负面的评论来确认这一信念,让它变得不可动摇。这会使你很不想去动物园,即使去了也很难真心享受。

重复习惯能帮助我们建立强有力的神经通路。正是以这种方式,重复的话语转变为既有的信念和习惯。信念在我们的真实经历中具有巨大的作用,因为它真的会过滤潜意识,让大脑有意识地接收信息。因此,这在某种意义上促进了我们的真实经历的形成。已经有研究证实,确认的力量能减轻压力。因此,它有助于让蜥蜴大脑安静下来。[6,7]

每毫秒都会有大量来自周围环境的信息不断地涌入我们的潜意识,它们以某种有意义的方式传递到我们的意识大脑,然后大脑会对其进行解析和传递。对于我们来说幸运的是,脑中的网状激活系统(RAS)扮演着过滤器的角色,可以决定将哪些信息输送给我们的意识大脑,或将哪些信息抛弃。如果没有这个系统,那么我们将被这些来自感官(视觉、嗅觉和听觉等)的信息压倒。这个系统可以帮助我们摆脱困境,因为它只让与我们信念一致的信息通过。

例如,某人具有一种根深蒂固的信念,认为自己可以很容易得到金钱,结果当他在人行道上行走时,发现路面上有一张20美元的纸币。而另一个人在同一天的早些时候走过同一条人行道,但他的信念是自己很难得到金钱,结果就没有看见这张20美元的纸币。这两个人的不同之处就在于他们的信念,而网状激活系统正是根据信念过滤信息的。如果你认为金钱来之不易,那么现实就会如你所想。

潜意识能够感知环境中的每一件事,但对于相信金钱容易到手的人来说,输送到意识大脑的信息中就有符合这一信念的信息;而相信金钱来之不易的人就会忽略这条信息,让输送的信息符合他的信念。在某种意义上,我们的信念确实促进了我们的真实经历的形成。

信念只不过是一种被重复数次的想法,最终变成了具有触发自动行为能力的神经高速公路。如果我们多次向自己确认一件事,次数多到足以让它成为信念,它对我们来说就是真实的。例如,虽然你一开始并不是真的喜欢早上起床,但如果你能够重复确认自己喜欢早上起床,并用我们后面提到的方法坚持去做,就可以用新的心理习惯代替旧的心理习惯。

无论有没有意识到这一点,我们一生都在使用确认。一旦我们知道了如何使用确认的力量,就可以用它来养成能够为我们赋能的信念和习惯,从而取代那些让我们停滞不前、无法掌控清晨的信念和习惯。[8,9]

你需要注意的是,尽管确认是一种强有力的工具,但其本身无法产生你掌控清晨所需要的改变。确认能够改变你对自己经验的感知,也能把来自周围环境的相关信息带给你,如书籍、文章或陌生人的建议。你可以把了解到的信息应用于掌控清晨上。在确认之后,你需要采取行动。

如何建立强有力的确认

要让确认这一方法成功,我们必须遵守一套特定规则。只有这样我们才能改变信念和习惯。与习惯一样,确认也使用置换理论并利用重复的行为。我们能够把自己过去的受限心理和习惯转变为崭新的赋能信念和习惯。以下5个步骤可以帮助我们建立强有力的、成功的确认。

1.使用现在时

潜意识不懂过去时或将来时,只懂现在时。如果你不断地重复"我将来会享受清晨早起"这一想法,你想要的变化就会一直推迟,因为它是将来时态。

潜意识无法弄懂真实的事物与生动的想象之间的差别。它能感知到它正在经历的事情是当前发生的,即使这件事情是存在于想象中的。它只会使用"现在"这个时刻定义的语言。例如,"我很享受今天清晨早起"这句话就会让你的潜意识给你的意识大脑发送一切能让它成为真实的信息。你想要确认什么呢?[10]

2.使用让人感觉良好的语言

最强有力的确认是那些能产生刺激和令人激动的确认。当你大声地说出你的确认时,它应该听上去能够吸引你自己。这样做有两个原因:第一,你的确认必须是某种你会很愿意反复诉说的话;第二,你的潜意识会对强烈的情感做出回应。你用具有强烈感情色彩的语言说出的任何确认,无论是正面的还是负面的,都会被潜意识最快地定义为根深蒂固的信念和习惯。

当你陈述你的确认时会有什么感觉?你知道你的蜥蜴大脑会对表达不当的想法产生抗拒吗?这是一个信号,它说明你应该重新组织正在使用的语言,直到你在说这段话时使用的表达不仅不会造成抗拒，还能让你感觉良好。你可以使用有力、积极的词语，如"现在"、"容易的"、"令人满意的"、"让人高兴的"、"性感的"、"不可思议的"、"令人敬畏的"、"强有力的"、"有趣的"和"令人愉快的"。

例如，我们可以比较"我很享受今天清晨的早起"与"我选择欣赏与享受今天清晨的早起"这两句话。第二句话使用了更多能够刺激情感的描述性词语。而且，使用"选择"这个词会让人觉得这一确认更像是一种有意识的挑选，而不是一项义务。你越是承认这一点，也就越能够有效地把这种习惯的改变悄悄地传递给你的蜥蜴大脑。

当你为自己的确认写草稿时，要用精彩的、正面的语言，而且每次用不同的方式记录，直到你发现你的措辞能够最好地满足你的需要为止。

3.使用包含性语言

确认必须准确地界定你想要的事物，但永远不要提到你不想要的事物。潜意识会从字面上理解你说的话。例如，"今天早晨我不想觉得困倦"是一个没有效力的确认，因为其中包含了你实际不想要的东西，于是潜意识只会专注于"今天早晨觉得困倦"这个部分。你必须确定自己想要什么，然后在确认中只列出这一项。陈述中必须包括你希望创建的结果。例如，"今天早上我感到活力十足、精神饱满"，这个确认就特别清晰地说明了你希望拥有的品质。

当你准备说出一个有关你不再想要的事物的确认时，就必须具有创新精神。许多人会说"我选择不再吸烟"，这是确认的经典错误案例。因为你在确认中包含了你不想要的事情，所以潜意识听到的就是"吸烟"，以至于你无法终结原有的行为。表述戒烟的想法需要一些智慧，比如你可以说："我选择呼吸洁净、清新的空气。"

4. 要具体

就建立有效的确认来说，潜意识思想只能理解具体的措施。这就需要你准确地在确认中表达你要的东西。例如，"我选择赚取更多的金钱"就不是一个非常有效的确认，因为它没有让潜意识工作的具体信息。如果你重复这个确认，就会发现它是有用的，但它可能只是让你在每个月的工作中另外得到一份5美元的小费。反之，你可以很具体地表达这件事："我选择这个月多挣250美元。"这就是一个有效的确认，因为潜意识可以按照这个具体数字开展工作。

许多人还会说："我选择要一个新的伴侣。"在使用这样一个确认后，你可能会碰到一个新的伴侣。但因为没有具体的说明，所以你可能会遇到一个伴侣备选人，他也许与你完全不合拍。反之，你可以说："我选择要一个能够支持我实现目标的新伴侣，他也喜欢清晨早起，爱吃墨西哥食物和沙司（墨西哥食物中的辣调味汁——译者注）。"你在确认中加入的信息越具体，你的潜意识的工作就越容易，它能够在你的经历中找到那类信息并转入你的意识思维中。

5.让确认可信,并挑战你的极限

你无法只用一步就从现在所在的地方跨越到你想要去的地方。在一个漫长的旅途中,你需要许多步骤才能到达目的地。同样,当你建立确认时,需要根据现在的情况对你能够得到的成功进行切合实际的考虑。如果你因为父母过去大声叫你起床而之后长期痛恨清晨早起,却在确认里说你乐于早起,这对你来说似乎就是一个完全不可信的想法。你不必马上计划建立一个"热爱清晨"的确认,因为你的思想根本不会认为这是可能的。

例如,你当前有一个"清晨很可怕"的信念。这会让你背上来自蜥蜴大脑的沉重思想负担和抗拒心理,你的大脑不会一下子允许一个像"我热爱清晨早起"这样的信念进入。所以,你应该找到一个更可信的确认,一个你在开始就可以做到的确认,然后通过每一次微小的进步走向享受清晨的结果。你可以从"我现在选择接受清晨"或"我现在对清晨持中立的态度"开始。然后,你可以逐步加码,以可能做到的步骤为前提增加确认的强度,如"我现在选择赞美清晨"。

与此同时,你在建立确认时也要挑战你认为可能的极限。一个很好的经验法则是:如果你能够在想象中实现确认的目标,你就能够在现实中实现这个目标。如果你建立了一个确认,但其中的目标能够轻而易举地实现,那么与某个更具有挑战性的确认相比,你从当前确认中得到的满足感就会大打折扣。

如何实施确认

至于如何说出你的确认,你需要记住以下几个要点,只有这样才能让你的努力取得最大成效:

1. 放松

放松的状态会让蜥蜴大脑不那么警惕,从而更容易接受你在确认中提出的观点。

· 找一个安静的地点和合适的时间(清晨是你的意志力最强的时候),说出你当天的确认。
· 确保你当时的身体很舒服。
· 注意不要紧张,让身体的每一部分都保持舒适、放松,释放一切紧张的感觉。

2. 形象化

潜意识对于感觉的反应非常强烈,你在做出确认的时候给出的感官体会越多,确认就会越有效。

· 想象你实现了确认的目标的画面。
· 利用你的所有感官。想象你在达到了你的目标时,能够看到、闻到、摸到、尝到些什么?

3.感觉

当你在想象中完成了自己实现目标的画面时,会有一种奇特的感觉。产生你想让自己有什么样的经历的感觉,是得到潜意识注意的有效方法。如果你难以与你想要确认的目标建立情感联系,就回忆一下自己过去产生这种感觉的经历,然后把它转移到你想建立的情境中去。例如,如果你想确认你喜欢锻炼,就回想一下过去你在锻炼之后感到精力充沛和满意的时候。你可以将在过去正面经历中产生的感觉转移到你希望得到的新的正面经历上,这会最大限度地帮助你取得成功。

4.重复

我们之前说的一句话放到现在仍然有效:"重复"是学习之母。如果你能始终如一地努力坚持这一指导方针,就会得到你想要的结果。你可以在每天清晨预留一点时间,用来加强你想作为习惯和信念而坚定地建立的正面信息。只要一两分钟的时间就够了,关键是持之以恒。

5.回想

写下你的确认,并把它放到你看得到的地方,如你的厨房、浴室和卧室。每次看到它时,你都应该练习一下以上归纳的要点:放松、形象化、感觉,并重复确认。

培养新的习惯和建立新的确认是你掌控清晨和生活的强有力方法。如果使用这些工具,你就能够克服你的蜥蜴大脑的抗拒,把自己改造成一个最不可思议的、最有效率的、最幸福的且喜欢早起的全新的人。

巫师大脑的小建议

» 习惯是通过重复习得的自动行为。

» 清晨是你的意志力最强大的时候,是培养新习惯的最佳时间。

» 所有习惯都遵守习惯回路的三个阶段:提示、常规行为、奖励。

我们可以做许多事情来帮助我们养成新习惯,包括:

» 为习惯设定优先级。

» 一次关注一件事。

» 按照事前确定的行动日程表全身心投入工作。

» 奖励你的成功。

» 捆绑习惯。

» 确认是关于你希望用什么样的方式表达意图和信念的陈述,它只能以一种"你正在这样做"的方式加以表达。

» 我们的真实经历是潜意识根据我们的信念加以过滤后的产物。[11]

» 信念是不断重复直至实现的确认。

» 我们可以用确认来积极地改变我们的经历。

要建立有效的确认并最大限度地发挥其帮助你改变的能力，我们可以采取以下6个步骤：

» 使用现在时。

» 使用让人感觉良好的语言。

» 使用包含性语言（只列入你想要的，不要列入你不想要的）。

» 要具体。

» 让确认可信，并挑战你的极限。

» 大量重复。

第十章
写作的创造性

写一些值得一读的东西,或者干一些值得写下的事情。

——本杰明·富兰克林(*Benjamin Franklin*)

当你一夜熟睡后醒来,你的身体完成了休整、自我恢复,以及为新的一天需要做的一切准备。大脑也同样如此。比如,磁共振成像扫描的结果显示,在你醒来的时刻,突触(突触是神经元之间在功能上发生联系的部位,也是信息传递的关键部位——译者注)之间的联系要比你在夜间睡着的时候更密切。¹这对创造力特别有利,因为大脑中与创造力有关的许多部分在清晨更积极。在一些研究中,人们通过摄入某种特定气味,如香草味,来帮助刺激巫师大脑中的创造中心,从而提高创造能力。尽管这不是一个毫无例外的规律,但对于许多人来说,清晨是发挥创造力的最佳时间;而对于其他人来说,改善环境可以帮助他们增加创造性活动。

写作对于健康有许多有案可查的好处。清晨时分，你只需花5分钟在纸上写点东西，就能带来巨大的有利影响——看医生的次数减少、血压降低、情绪有所改善、心理上的感觉更加舒畅，这些只是记录在案的好处中的几种。神经心理学家珍妮·奥格登（Jenni Ogden）提出了通过写作创造性地表达自己的想法的好处。她认为，书写或者阅读自己喜欢的某些东西，可以延缓大脑的衰老。[2]

另一个用写作开始你的一天的绝妙方法是定目标，这就像你已经了解过的让自己变得更加自律、培养充能习惯的方法那样。有一项研究发现，经常写下未来目标的人心情会更愉快，其压力也更小。[3]

你还可以把写日记作为清晨写作的另一种方式，用它来表达自己对某些问题的感想。另一项研究表明，自愿写下自己的创伤经历的人在开始写作6个月之后，就在情感上得到了改善，因为描述创伤让他们更加坚强，使他们能够面对创伤造成的伤害。[4,5]

在清晨时分唤醒你的思维的创造性方法

对于某些人来说，创造力似乎可以毫不费力地获得，而对于其他人则不然。真实的情况是，这是一种任何人都可以培养的技能。当你下一次需要一些写作灵感的时候，不妨在清晨时分花上10分钟尝试一下下面的某些技巧,让你的创造性源泉涌动。你可以尝试用一周的时间每天做一个练习。

1.写一个对你冲击很大的事件

详细地描写一个影响了你的情感的事件。尽可能详细地写下你的感受、这次经历如何影响了你,以及你在这一经历前后的感觉。[6]

2.写一个你了解的人的详细情况

描写一个你很了解的人,根据你知道的情况,为这个熟人写一篇短小的传记,其中包括你与他的关系,你们是怎样认识的,以及他的哪些经历塑造了他的性格。做这个练习的另一种方法是,创造一个虚拟人物,构想你与他的关系。

3.详细描述一个在你眼前的物体

随便选择一个物体,尽你所能地将其细节予以详细描述,包括形状、颜色、功能等。你也可随意想象那些你看不到的情况,并添加一些神奇且可笑的细节。例如,我有一个金属的烤面包机,但它最近被一伙微型外星人占领了,他们在上面建立了殖民地。结果我一用它烤面包,它产生的能量就被这些小家伙偷走了,他们用这些能量为拇指般大小的宇宙飞船充能。[7, 8]

4.写下你的完美清晨

写一段关于你的完美清晨应该是什么样子的文字,包括你要在清晨时分做什么、吃什么、会有什么样的感觉。这也是一种绝佳的想象练习,它能够刺激你的创造力和想象力,让你知道自己想要在"完美世界"的清晨中得到什么。[9]

5.描述一段音乐

播放一段你喜欢的音乐,然后给它写一段详细的描述,讨论一下你对歌词或旋律的想法。

6.使用魔杖

这是一个非常有用的练习。在这个练习中,你不仅可以预见问题的解决方案,也可以培养横向思维。写一个你当前正在经历的麻烦,并想象如果你有一根能够创造任何东西的魔杖,那么你会怎样做?这是一个绝妙的方法,能够让你跳出思维限制寻找解决方案,并能将解决问题的逻辑技巧与创造性表达结合。使用魔杖可以让你的巫师大脑在清晨有一个更加满意的体验。

7.分析你欣赏的作者的作品

快速翻阅你喜欢的小说或者诗集来寻找灵感。人们常说,模仿是"奉承"的绝佳形式。这并不是说你应该从别人那里抄袭想法,那是懒人的做法。但如果你正在努力思索具有独创性的想法，请记住，一切艺术形式都已为更广泛背景下的无数艺术作品做出了贡献，而这些艺术作品也为艺术形式赋予了意义。你喜欢的作者也有让他们得到灵感的作者，他们也许正是从这些作者那里借用了想法。从你喜欢的作者那里任意选取你喜欢的作品，分析一下作品中的什么东西吸引了你，并把这些东西记在脑子里，作为你今后的写作题目，但要记得让它变成你自己的东西。

如何克服获得创造力的阻力

创造性写作能为你的清晨带来惊人的好处，而蜥蜴大脑会插进来，让你逃避不得不离开舒适区的窘境——这是可想而知的。我们可以说，某件事情对你的好处越大，你做这件事的阻力就越大。然而，如果你已经从这本书中学到了什么，那么我希望你能明白，阻力是一种内部的力量，是你的蜥蜴大脑能量的一种表现形式，而且因为它来自你本身，所以你能控制它，降低它的影响。

以下是关于你应该如何做的一些小窍门：

1.不接受任何借口

你的蜥蜴大脑会罗列一大堆聪明的借口，它们可能是一些极为巧妙的方法，让你逃避已经计划好的事情，同时也会带走让你成长与前进的力量。每当你向借口屈服,就会让自己在同样的情况再次出现时更加为难。你需要在创造性努力方面集中精力。

2. 不必完美

许多人都会有这样的错误想法:对于各个领域内成功的作家、艺术家而言,只要他们坐下来,就能够立刻创造杰作。事实上,他们通常会花费无数的时间来钻研他们的作品。他们会在一个具有创造性的作品上持续努力,哪怕结果看上去很平庸,但这意味着冲破阻力,提高创作能力。只有经历困难才会有真正的成长。

3. 做好迎接阻力的准备

在你进行创作期间,阻力会在某个时间点跳出来。它或许会在你犯了一次大错或者才思枯竭的时候出现。重点是阻力必定会出现。为了克服阻力,你必须做好它一定会出现的准备。只有走出舒适区才能击败阻力,而且你必须聪明一点,因为你的蜥蜴大脑极具欺骗性,它藏着一千零一个花招用来阻止你成功。预期的阻力和恐惧可能会以任何形式出现。

4. 做一点规划

在开始一项创作之前,你可以为自己写一个短小精悍的计划,明确自己想要写些什么,并做一些与你选定的活动相关的技巧、风格和信息的研究。如果采用这种方法,你就可以在开始写作时得心应手,因为你的大脑深处已经有一些想法了。

5.同时尝试不同的项目

除写作外,这一条也适用于任何其他具有创造性的领域。如果每次都尝试同一件事,你很快就会感到厌烦。如果总是重复同样的写作技巧、风格或题材,你就会很容易卡在一件作品上无法自拔。只有尝试不同的写作题材,你才能探索和表达不同的创造性项目。例如,尝试在一周内的不同时间里写有关爱情、恐怖和科幻的短篇小说。

将清晨作为可利用的创造性时光,并在那时的常规工作中加入想象和尝试的元素。你打算在其中嵌入多少创造性的喜悦呢? [10, 11, 12]

巫师大脑的小·建议

» 当你在清晨醒来时,你的大脑突触联系要比你在夜间睡觉的时候更密切。这提高了你的潜在创造力。

» 在清晨时分写作能延缓大脑的衰老、产生幸福感、减轻压力,并有助于克服创伤。

你可以在写作时利用各种技巧刺激创造力,例如:

» 写下引起你产生情感触动的事件。

» 写下你了解的人。

» 插上想象的翅膀,描写平凡的物体。

» 写下一个完美的清晨。

» 描述一段你喜欢的音乐。

» 练习使用魔杖。

» 分析你欣赏的作家的作品。

你可以用各种技巧克服写作中的阻力,例如:

» 不接受借口。

» 允许它有瑕疵。

» 做好面对阻力的精神准备。

» 规划创作。

» 同时尝试不同的题材。

第十一章
利用清晨的时间

清晨不会像你想象的那么糟糕。它看起来会更美好。

——科林·鲍威尔（*Colin Powell*）

　　清晨是生活效率的试验场。当然,它也可以是无效率生活的试验场,这取决于你自己的选择。培养每天遵守的良好的清晨习惯和常规会让你的思想集中于重要事项,这对于掌控清晨是至关重要的。

最大限度地利用清晨的时间

　　清晨常规,这是一个你可以以正确状态为即将到来的一天做好准备的坚实基础。成功人士往往有着他们每天都会认真执行的清晨常规。我们将在本书第十八章"领袖们是怎样开始一天的"这一部分内容中,更详细地讲解这一点。

清晨常规就像一个船锚，能让你坚持一套有用的习惯。起初，你或许会感觉自己受到了束缚，但经过足够的练习之后，就能摆脱蜥蜴大脑的控制，这不仅会避免我们浪费太多的时间和精力，而且会减轻我们的压力并让我们获得更高的效率和更快乐的早晨。

正如我们所见，虽然你的意志力在清晨时分最强大，但它是一种珍贵而且有限的资源，对我们如何花费时间和精力有着深刻的影响。如果不能清醒地知道时间花在哪里，我们就很有可能把它随意浪费在不重要的事情上。

我们要把清晨的第一段时间很好地用在自己身上，这一点非常重要。这样做利己利人。说它利己是对的，因为我们首先要把时间用于自身；说它利人也是对的，因为我们要让自己处于一个更愉快、更有效率的位置，这样我们才能用更好的状态与周围的人交流并帮助他们。

如何建立一个清晨常规

你在清晨醒来后做的第一件事是什么？无论你过去的回答是什么，新的答案都是"我的清晨常规"。也就是说，从醒来的第一秒开始，你应该做的事情就是开始你的清晨常规。我们在这上面不要浪费任何时间。

你一般不需要花费很长的时间去执行清晨常规,可以投入15—20分钟;当然这是一段用在你身上的时间,也可以投入2个小时。在做完清晨常规之前,不要管电子邮件、社交媒体或者任何需要你花精力处理的外在事务。你首先要把时间花在你自己身上和愉快的清晨上面。

清晨常规的内容是主观的,取决于什么样的活动有利于你的身体、精神和情感的健康,以及什么事物能使你感到愉快与提高效率。下面是能够帮助你建立清晨常规的粗略指导意见,不过,你需要知道并不存在统一适用的准则。你一定要选择对你有用的常规。你可以尝试多种不同的常规,根据情况灵活使用,改进无用的常规,持续尝试新东西。

你可以从比较短小的常规开始,用大约5个习惯开始你的一天。要记住,你从现在的位置向新常规跨越的步子越大,从蜥蜴大脑那里遭受的阻力就会越大。慢慢地,当你习惯了自己的新常规后,就可以在其中加入更多的习惯了,但最初要从短小的常规开始。

你需要把那些能够刺激你的身体、精神、情感的东西结合起来,而且如果你有精神上的特殊倾向,也可以把它加进去。挑选那些你想要发展的,并且能够让你感到激动、快乐或者幸福的习惯。最重要的是,建立一个让你感到非常满意并且能够坚持下去的清晨常规。当你执行常规时,如果其中的某些方面并不能让你感觉良好,那就抛弃它们，用其他东西代替。

下面是一些可以用在你的新常规中的建议。这些建议应该有助于你产生新的想法：

一醒来立即就做

- √ 喝一杯温柠檬水
- √ 整理床铺
- √ 说出10件让自己心怀感激的事情
- √ 面露微笑

低强度的运动

- √ 舒展身体
- √ 瑜伽[1]
- √ 跳舞
- √ 原地慢跑
- √ 体能锻炼
- √ 吃一顿能为自己提供能量的早饭[2, 3, 4, 5]

脑力活动

- √ 写作
- √ 冥想
- √ 祷告
- √ 听一段有启发作用的广播
- √ 画油画或者素描
- √ 计划一天的活动
- √ 写下当天的目标

情感活动

- √ 说出自己当天的积极目标
- √ 听一段优美的音乐
- √ 在大自然中短距离散步
- √ 对着镜子赞美自己的容貌
- √ 写下一个对自己正面评价的清单
- √ 与家人一起享受温馨时刻

一份清晨常规清单可能如下表所示：

时间	活动
6:00—6:05	喝一杯温水
6:05—6:15	轻度伸展身体和做瑜伽式呼吸[6]
6:15—6:30	冥想和有指导的放松训练[7,8,9]
6:30—6:35	说出自己当天的积极目标
6:35—6:45	低强度的运动（走路）

因为你同时遵守多个习惯，所以大脑便自动地把它们捆绑在一起以建立一个更强有力的神经网络。还记得我们在第九章"养成为自己充能的习惯"中讨论的吗？一切习惯都是由习惯回路的三个阶段组成的：提示、常规行为和奖励。提示是一种触发，给大脑开始习惯提供信号。清晨常规是连贯的习惯，因此前一个习惯的结束就会成为下一个习惯的提示。随着时间的推进，这就产生了一个自动行为的多米诺骨牌效应。

即使你在每个习惯上只花两分钟，但这仍然是一份非常有价值的清晨常规清单，而重复进行练习很快就能帮助你拥有一个有效的、充实的清晨。一旦你设计好了你的清晨常规，接下来需要做的就是从第二天开始坚持使用它。尽量减少阻力，然后对自己做出每天都要实施这一常规的承诺。

如何用"吃青蛙"来提高效率

在你对自己投入了时间、以对自己最有利的方式开始了一天之后,现在是收获成果的时候了。清晨常规的目的是让你尽量享受清晨,而"吃青蛙"的重要性在于它会让你走出自己的舒适区。学会"吃青蛙"是提高工作效率的绝佳练习,这一说法出自马克·吐温(Mark Twain)的"早上第一件事就是生吃一只青蛙,然后你这一天都不会再有比这更糟糕的事情了"这句话。作为励志作家、演说家的博恩·崔西(Brian Tracy)在《吃掉那只青蛙!》(Eat That Frog!)一书中扩展了这一说法。

这一概念非常简单,从本质上来说,"吃青蛙"指的是完成你必须做但确实不愿意做的最困难且最重要的任务。与"吃青蛙"正好相对的是"摘最容易得到的果子",它是指容易实现的目标,即容易完成的任务或你喜欢做但远没有那么重要的任务。

如果你清晨做的第一件事就是"吃青蛙",那么,这会给你充能,帮助你完成一天内需要做的所有其他事情。你越早吃掉你的待办清单上那只最大、看上去最丑陋的"青蛙"就越好。这将避免你的蜥蜴大脑持久地拖延抵抗,让你的自律和巫师大脑获得更多的"火力"。"吃青蛙"的任务往往表面看上去很糟糕,但实际上并非如此,这是因为我们对它有抗拒心理。我们一旦完成了它,就会感觉良好,并以多种方式为自己充能。

一旦舒舒服服地消化了那只最大的"青蛙"，你就可以着手解决你需要做的其他事情，而这些事情做起来就容易多了。清晨时分是"吃青蛙"的最佳时段，因为此时的我们更能集中精力，而且拥有最强大的意志力，所以在这时候调用我们的内部资源吃掉"青蛙"是很有道理的。这也让我们可以更加享受一天中的其他时间，因为不再有"吃青蛙"的画面在自己眼前晃动了。

为了在清晨时分"吃青蛙"，你需要：

· 在前一天晚上写下一份第二天需要完成的所有任务的清单。
· 确定哪些任务最有价值、最值得你付出时间。
· 确定哪些任务是"青蛙"，即那些你不愿意做却确实非常重要的任务。
· 最大的"青蛙"将是具有最大价值而且最值得让你付出时间的任务。
· 为第二天的任务制订计划：先吃最大的"青蛙"，然后是第二大的，就这样排列下去，直到最后才去摘"最容易得到的果子"。
· 在第二天结束时，重复这一方法，并为第三天制订计划。

"吃青蛙"的过程包括尝试建立清晨常规和确定任务的优先级。接下来，我们将探讨对清晨有利的姿势及其重要性。

小 结

- 对于掌控清晨而言,制订一个非常有效的清晨常规至关重要。
- 清晨常规是消耗你的精力并使你变得自律的最佳方式。
- 你的清晨常规应该是你早上一醒来就做的事。
- 清晨常规必须按照个人情况量身定制。
- 在最初制订清晨常规时,从培养几个小习惯开始会比较容易。
- 享受清晨常规里的活动,这一点很重要。
- 一旦清晨常规中有多种习惯并存,你就应该把它们捆绑在一起。这将在大脑中建立更强有力的神经通路。
- 即使你只能在清晨常规的每一个习惯上花几分钟时间,这种做法也具有令人不可思议的价值。
- 首先在清晨"吃青蛙",即完成最重要的任务。这会给你带来能量,帮助你完成一天中的所有其他任务。
- 清晨常规就像一个船锚,能让你坚持一套有用的习惯。起初,你或许会感觉自己受到了束缚,但经过足够的练习之后,就能摆脱蜥蜴大脑的控制,这不会浪费你太多的时间和精力,反而会帮助你减轻压力并获得更高的效率和更快乐的早晨。

第十二章
采取对清晨有利的姿势

良好的站姿和坐姿反映了平和的心态。

——植芝盛平（Morihei Ueshiba）

姿势是身体的定位,不仅在生理上,而且在思想与情感上影响着我们。从我们清晨起床的那一刻起,我们所用的姿势就会在健康、精力和幸福感上帮助或者妨碍我们。你的站姿对如何让血液流经整个大脑及如何调节血液流动具有重大影响。

姿势的现代问题

来自哈佛商学院(Harvard Business School)的一位社会心理学家埃米·卡迪(Amy Cuddy)发现,姿势对于我们对自己的感觉和别人对我们的感觉有着强有力的影响。她在TED演讲中讨论了两种不同的身体姿势：有力的姿势和无力的姿势。有力的姿势传递出自信和力量，这时人们昂首挺胸，手臂高高举起或者伸出，举止充满自信。[1]符合这种姿势的一个绝好例子就是，某个人像海星一样，手臂和腿伸展开站立的样子。当人们在某件事上获得成功之后，在空中举起双手的样子也属于有力的姿势。反之，无力的姿势传递的是缺乏安全感与疲倦，这时人们头部低垂，双臂交叉，四肢通常向躯干靠拢，如弓腰独坐的某人。

卡迪博士做了一项实验，实验要求参与者在2分钟内分别采取有力或者无力的姿势，然后接受一次工作面试。面试结果显示了参与者采取的姿势与其是否面试成功之间有着明显的联系。[2]雇主会不断地选择此前采取有力姿势的人。有趣的是，参与者体内的激素水平也有所改变：在采用有力的姿势2分钟之后，参与者的睾酮水平上升，皮质醇水平下降；而采取无力的姿势的参与者的情况则相反，即皮质醇水平上升，而睾酮水平下降。[3]

改变姿势对于我们的外在形象也具有深刻的影响。在清晨常规中加入有力的姿势将帮助你开启良好的一天。挺拔、有力的姿势能够帮助我们提高自我评价并改善情绪。[4]

这样一个简单的改变不仅会影响我们的情绪、心理和自信，也会影响我们的身体。良好的姿势会让我们的体重均匀地分布在各块肌肉、各个关节和各条韧带上，于是我们可以更有效地利用体内的能量。这对于你的重要器官达到最佳运作状态具有重大影响。简单来说,你的姿势越好,你就越容易让血液和氧流向你身体中需要它们的地方。[5]

不良的姿势意味着你的体重会给你的肌肉、关节和韧带施加非自然的压力。随着时间的推移,这会给消化系统和呼吸系统带来更严重的健康问题。在婴儿时期,我们的姿势是完美的。我们在那时能够本能地做出优雅而富有活力的动作。长大之后,我们必须根据生活的需求而改变姿势,这些需求逐渐占据了我们的头脑,同时我们也不再经常关心身体的姿势正确与否。

无论是站立、坐下、躺着还是在运动中,我们一直都在与姿势打交道,但许多人很少能意识到它的重要性,导致最后面临需要通过姿势矫正才能解决的某种健康问题的情况。不幸的是,现代生活方式中的许多习惯都对我们的姿势不利。例如,椅子通常会迫使我们以错误的姿势坐下,并且我们在椅子上坐着的时间很长。据统计,西方世界中四分之三的工作是由人们坐着完成的。[6,7] 范德堡大学(Vanderbilt University)的一项研究统计,美国人平均每天坐着的时间长达7.7个小时。[8]

人们将这种21世纪独有的、由生活方式引起的痛苦称为"久坐症"。它的名字听起来很可笑,实际上这种病的发生确实可笑。数以百万的人患上这种病,就是因为他们采用了长期久坐的生活方式。

美国癌症协会（American Cancer Society）的一项研究显示，在同等情况下，每日久坐6个小时以上的女性的死亡率比每日仅坐3个小时以下的女性高94%。在男性中也有相同的情况：与活动更多的男性相比，每天坐6个小时以上的男性的死亡率要高48%。如果你持坐姿的时间很长，那么一定要经常起来活动一下，理想情况是每半个小时活动一次，这一点非常重要。[9]

如何调整姿势

当你老了的时候，你走路、站立的方式会显露你的老态。这是一件重要的事情。

——卡琳·洛菲德（Carine Roitfeld）

包括久坐症在内的现代生活方式所带来的痛苦是一种普遍现象，但并不是全世界的人都在遭受它的折磨。生物化学家埃丝特·戈哈利（Esther Gokhaley）在生了第一个孩子之后，遭受了严重的背痛折磨。在一次背部手术失败之后，她在痛苦的驱使下寻找解决方法。在阅读了人类学家有关原住民的姿势习惯的记录之后，她对世界各地不遵照西方生活方式的文化做了调查。她发现，在和西方生活方式不同、物质生活条件非常艰苦的地方，当地人一般会参与大量对脊柱有压力的活动，但他们罹患背部疾病的概率却远远低于西方。他

们的秘诀是什么？没错，是良好的姿势。[10, 11, 12]

让埃丝特感到震惊的第一件事是他们的脊柱形状。她意识到，西方人的脊柱形状通常像一个"S"，而没有背痛的人们的脊柱是"J"形的。用专业的话来说，与"S"形脊柱相比，"J"形脊柱的腰椎曲线更为平坦。简单来说，他们把尾骨和臀部向外放在身后。这就在脊柱上形成了一个光滑的凹槽，从而让肩膀舒适地"坐"着。她将其命名为"原始姿势"，而且她后来发现，所有的孩子在出生时都有"J"形脊柱，这在古希腊的雕像中也可以看到。远在办公室工作和晚间电视成为主流的现代生活方式之前，我们的祖先一直采取这种姿势。

埃丝特发明了一种简单但非常有效的方法来改进姿势，即"戈卡莱法"。下面是该法中的一些改进姿势的简单练习：

1. 肩翻滚

· 从一边肩膀开始，轻轻地将它举起，然后向后滑动直至其舒适地滑到最低点，最后让它下垂。

· 对另一边肩膀做同样的动作。

· 重复这一练习，让你的手臂和肩膀回到它们应该在的位置。

· 肩胛骨在背后向外突出。

· 肩翻滚练习能改善血液循环和呼吸，能降低脊柱在持续受压下发生损伤的风险，能让你对自身外貌更有信心，并获得良好的自我感觉。

2.调整头部与肩膀的位置

- 耳朵在肩膀上方。
- 让颈部轻轻地向后仰。
- 头顶向上,成为身体的最高点。下巴向下松弛。

3.拉长脊柱

- 可以坐下也可以站着,深吸气,在不弯腰的情况下尽量拔高。
- 维持同样的高度,深呼气。
- 通过练习这组动作,你可以安全并舒适地拉伸你的脊柱,锻炼你的腹肌。

4.让臀部紧张

- 走路的时候每迈出一步都让臀部紧张。
- 这样做不但可以加强你的下背部,还能让你的臀部得到良好的锻炼。

5.把你的尾巴伸到背后

- 想象你的脊柱尾部延长,变成了一条尾巴。
- 想象你像一只猴子那样从身后伸出尾巴,并让你真正拥有的尾骨向相同的方向运动。

· 利用这种简单的练习改进你的姿势，尽量让能量分布在身体各处，并进入正确的身体与思维状态，以此开始你的清晨。

巫师大脑的小·建议

» 姿势对我们的身体、思维和情感具有深远的影响。

» 实验证明，采取有力的姿势能够增强信心且增加睾酮，减少压力且降低皮质醇。[13]

» 采取无力的姿势会消弱信心且减少睾酮，增加压力且提高皮质醇。

» 我们的姿势对我们在现实世界中的成功具有重大影响，如在工作面试中。

» 良好的姿势能够有效地促进血液与氧的流动，能够帮助重要器官发挥功能。

» 不良的姿势会损害消化系统和呼吸系统。

» 椅子通常对姿势有不良作用，久坐会缩短预期寿命。

» 如果你需要长时间保持坐姿，重要的一点是要时常站起来走动，以减少久坐造成的负面影响。

» 对于脊柱而言，通常"J"形脊柱更好，"S"形脊柱不可取。

» 为实现更好的姿势而设计的简单练习，包括肩翻滚、调整头部与肩膀的位置、拉长脊柱和让臀部紧张等。

第三部分

一天中其他时间的机会

第十三章
锻炼是一剂良药

我们需要留出整个下午的时间用于锻炼与娱乐,它们就像阅读一样有必要。我觉得应该说更有必要,因为健康比学习更重要。

——托马斯·杰斐逊(*Thomas Jefferson*)

你需要以正确的方式开始一天,并进行一些体育锻炼,这对你的大脑和身体健康具有重要意义。在追求更加健康的方面,人们面临的重大障碍之一是缺乏足够的时间。挤出时间对于我们至关重要,而清晨正是这样做的大好时机。

让我们重温前面章节中讨论过的一些与锻炼有关的课题:

·我们在第一章内容中考察了生物节律是如何影响我们的锻炼能力的,而且指出了,因为激素水平高低的影响,最佳运动时间是下午或晚上。

·我们在第六章内容中做出了解释:在清晨醒来的时刻,你的心脏必定工作得很辛苦。它在休息了7个小时后突然开始强力运行,需要将足够多的血液泵向全身,让你能够起床、运动。而且,生物节律影响心脏在一整天里的功能变化。例如,心脏病在清晨发作的可能性要比其他时间高40%。这是因为根据生物节律,清晨的血压是最高的,而且皮质醇觉醒反应已经开始,它也向心脏施加了压力。

现在让我们看看清晨锻炼的好处。最为关键的是,你需要权衡其风险和好处,以便将运动纳入你的日程的最佳时段。

清晨锻炼的好处

(1)清晨锻炼是一只"青蛙"。我们已经考察了博恩·崔西有关首先"吃青蛙"的说法——完成一天中最重要、最耗费精力的任务的方法。清晨锻炼能够让你有很大的成就感,能够提高你完成一天中其他任务的信心。

(2)整天都会有充沛的精力。以充能的活动作为一天的开始,能够让你带着它的影响在整整一天的工作中精力充沛,从而提高处理问题的效率和能力。

(3)改善情绪。没有什么比感觉良好的神经递质更能让你的一天有个好的开始。清晨锻炼可以提高效率并保持大脑清醒,当然你也可以用其他方式达到这种效果,并不一定要进行高强度的清晨运动。

(4)感到能够控制自己的生活。清晨早起并且能做一些有益于身心健康的事情,这种感觉令人惊叹。我每天会进行30分钟以呼吸为基础的冥想,每周至少会安排4天的时间在清晨阳光的照耀下慢跑。这是一种绝妙的体验,我毫无保留地向大家推荐这种做法。研究结果也显示,与试图在一天中的其他时间"嵌入"运动的人相比,在清晨锻炼的人更能坚持自己的常规运动。正如我们在前面有关生物节律的章节中学到的那样,虽然人体的生物节律是与清晨常规有联系的,但蜥蜴大脑经常会试图说服我们:现在起床锻炼太早了,还是放到别的什么时间去吧。

让我们探讨一些简单的运动项目来帮助我们培养锻炼的习惯。即使你是锻炼新手也不用担心。在这里我们的目标不是要成为健身杂志的封面模特,而是要让自己比过去锻炼得多,让自我感觉变得良好。另一个重大目标是养成按时锻炼的好习惯,无论你把它安排在一天中的哪个时间段都可以。你需要把一项运动列入你的日常待办事项清单中,这将是一个巨大的成就。提及掌控清晨,你对自己的感觉远比体重秤上的数字更加重要。

在一项为期6个月的研究中,蒂莫西·S. 丘奇博士(Dr. Timothy S. Church)及其同事调查了464位久坐、超重及肥胖的更年期女性的有氧运动状况。[1]其中一组受试者在研究中以每小时1.5—3英里的速度行走,平均每周活动72分钟(约为每天10分钟)。她们的努力得到了回报:心脏和整体健康水平在锻炼后都有所提高。在另一项研究中,爱荷华州立大学(Iowa State University)的李德铁博士(Dr. Duck-chul Lee)等人耗费15年以上的时间,研究了55000位年龄在18—100岁的受试者的健康状况。[2]他们比较了两组人的运动状况,其中一组人每周慢跑3次,总计时长为50—120分钟;另一组人则完全不跑步。他们发现,与不跑步组相比,跑步组的死亡风险要低30%,其中因罹患心血管疾病而死亡的风险要低45%。这不过是每周运动3次,每次运动16—40分钟而已。可以思考一下,在这么短的时间内,它为人们增加了多少生命活力。

静止等同于死亡,正如运动等同于生命。我们的身体是用来运动的。无论你的蜥蜴大脑告诉你什么,当运动能让你感觉良好的时候,你都需要走出你的舒适区。运动可以释放内啡肽,让你感觉良好。内啡肽是帮助你愉快地醒来的一大助力,我们可以把内啡肽视为锻炼习惯回路中的奖励。

当然,我们必须训练自己克服的主要障碍并不是身体障碍,而是蜥蜴大脑的思想障碍。思想,或者说围绕着锻炼的思想习惯,要么帮助我们变得更加健康或者更加享受清晨,要么阻碍我们。

克服蜥蜴大脑对于锻炼的抗拒

我希望,现在你已经完全明白我想要说些什么了:锻炼就是要走出你的舒适区。但蜥蜴大脑不希望你这样做,它认为锻炼不应该是一件你觉得必须做的事情,也不应该是你的待办事项清单中的一项。我们应该享受锻炼,如果你欣赏它,坚持下去的可能性就会大得多。万事开头难。[3]下面是一些有独创性的方法,可以用于克服你的蜥蜴大脑在开始时对锻炼的抗拒,尽可能地令你放松并享受其中的乐趣:

要有条理。在开始锻炼之前,准备好你用于锻炼的服装、饮用水,以及用来记录一天进展的纸和笔(或者智能手表)。把它们放在顺手的位置,这样你就可以立即开始锻炼,并且不会因为寻找你需要的东西而分心。

获得别人的赞扬。从你的亲友那里寻求积极的鼓励。不要害怕询问别人的意见。别人对你取得成就的认可是激励你自己坚持自我发展之路的强有力的方法。在社交媒体上传你的成果肯定会吸引你的朋友们点赞,甚至会让一些人有兴趣和你一起锻炼。要记住,体内有蜥蜴大脑的不止你自己。来自你自己的赞扬甚至更加有力,因为这不仅可以让你继续锻炼,而且会提高自我评价。你还可以通过坚持写日记来记录你的成就,写下你做了些什么,以此来对你的艰苦工作表示支持。

看到你的成功。你用以前的经历为自己树立的精神形象可能会对你有消极影响,当你想要改变时,这个形象对你没有帮助。然而,你并不需要因纠结过去而止步不前。改变自己的第一步开始于你的思想，通过观想，你可以现在就开始创造新的自己。正如我们过去讨论的那样，观想是促成内在变化的一种有力方法。这种方法被许多运动员使用，既是为了实现他们的目标，也是为了比没有运用观想这一方法的时候做得更好。观想的概念很简单：通过想象你自己的锻炼与想要实现的目标进行预演，会让你在开始之前就构建有关大脑神经通路。这也会在神经系统、心率和呼吸中产生你可以测量的反应。

观想就如同建立一个"绕道高速公路"，避开了清晨时分"市区"交通高峰期的拥挤。在这种背景下，"市区"比喻的是锻炼规划道路上的多重障碍。法国里昂大学体育研究与创新中心（University of Lyon's Centre of Research and Innovation in Sport）的一项研究发现，运动员们可以在训练前先想象自己正在训练的画面，并通过这样的做法提高成绩。关于精神阶梯，[4,5]我们暂不讨论。

能让你的观想练习达到最佳效果的有效方法包括：

· 你首先要在思想中建立一个具体目标。这个目标需要有具体的、可以测量的结果，如减肥10磅，同时每周做3—5次体育锻炼，每次30分钟。你要详细地写下这个目标。

· 找到一个能够使你在5分钟内不受打扰的地方。

· 找个地方舒舒服服地躺下，或者舒舒服服地坐在椅子上，背部挺直。你也可以播放一首令人放松的背景音乐。现在闭上眼睛，做五六次悠长而缓慢的深呼吸。必要时可以做得更多一些。为了使观想为你带来最大的好处,你必须思路清晰。

- 开始想象当你实现目标时的感觉。这样做的一种有效方法是,全力动员一切感官进入这一过程。
- 看看你健康的新身体,在脑海中为它照个相。
- 聆听你心爱之人对你的祝贺。
- 想象一下,你抚摩自己更加纤细轻盈的身体时会有什么感觉。当你完成这一过程时,情感上受到的触动会是何等不可思议!
- 当你完成了自己的常规活动以后,品尝一下令人满意的安慰之水,嗅一下努力挣来的汗水。这将何等甜蜜!
- 你越是能够在观想的过程中添加更多的细节,它对你就越是有效。
- 在观想中加入运动和颜色可以使之更为有效。例如,想象自己身穿鲜艳的T恤衫,又蹦又跳地欢庆胜利。
- 在你的脑海中将这一幕保留30—45秒的时间,直至你的注意力无法集中。
- 如果你的注意力无法集中了,没关系,你可以重新开始观想。这就是你需要详细地写下能够帮助你的细节的原因,在注意力分散时你可以参考这些写下的文字。
- 每天早晨重复这个5分钟的观想练习,至少坚持7天。
- 你甚至可以在锻炼休息期间引入观想练习,这可以给锻炼带来额外的收获。

和一位朋友一起锻炼。与亲人或者朋友一起锻炼可以让你获得单独锻炼无法获得的附加益处。密歇根州立大学（Michigan State University）的一项研究发现，与人组成团队一起锻炼能提高人们的积极性。[6] 与他人一起锻炼也可以进一步激励其他人。许多人发现，一个人的朋友是否会参加锻炼取决于这个人自己是否会去锻炼，如果这个人坚持锻炼，他们参加锻炼的积极性就会更高。这也会增加有趣的激励元素，而友好的竞争可以推动你打破自己的极限，这可能是你在单独训练的时候无法做到的。你只要找到一个愿意和你一起早起锻炼的人即可，或者可以安排一个你们都能接受的白天的时间段一起去锻炼。

能够让你在清晨精力充沛的练习

要记住，你在体育运动上的极限是你自己设定的。正如你自己定了这些极限一样，你也有能力打破它们。锻炼未必需要进行难度很大的运动。下面是一些简单的活动，你可以把它们纳入你的清晨常规中。

有氧运动（也叫心肺有氧运动）——这是能够提高心率的体育活动。[7, 8, 9] 以下只是它的部分好处：

> **降低罹患心脏病的风险**
> √ 强化心脏
> √ 强化免疫系统
> √ 改善体内氧向肌肉的流动
> √ 保持更好的、更健康的精神状态

慢走对运动新手来说绝对是完美的锻炼，它也能够让经常进行体育训练的人获得好处，如控制与过度疲劳有关的风险，以及降低心脏发生问题的风险。慢走不仅用不着花钱，而且几乎可以在任何时间和地点进行。在户外休闲的公园或者自然中行走能使你感受到新鲜空气的活力。[10]这里有一些可以帮助你的建议：

- 确保穿舒适宽松、能让你的身体呼吸的服装。
- 确保穿合适的鞋子，如运动鞋或者登山鞋。
- 充分补水，带上一瓶水。
- 可以考虑买一台计步器来测量你走了多少步。知道自己走了多少步是有益的，发表在《国际行为营养与身体活动杂志》（*International Journal of Behavioral Nutrition and Physical Activity*）上的一项研究证实了这一点。[11]研究人员证明，与按照时间长短走路的人相比，带着计步器行走的人会有更大的继续行走的动力。记下自己走了多少步可以让你在下一次行走时有一个可以被打破的纪录，

让你能够看到自己在锻炼过程中的进步。[12, 13, 14]

· 戴上手表,这样你就可以为自己计时。

· 每次锻炼结束时,在训练笔记上记下你的进步,或者从你的智能装置中下载应用程序记录。

· 在主要锻炼时段到来前热身,在主要锻炼时段结束后逐步降低运动强度,这对于让身体做好应对变化的准备并防止其受伤极为重要。在锻炼前缓步慢走4—6分钟,在锻炼结束后继续走5分钟。

· 尽量每周走3—4次,确保在锻炼日之间有时间休息。

· 正式锻炼时,逐步增加到适当的强度。目标是达到这样一种状态:你的呼吸变沉重了,但还没有到喘不过气的程度。

你可以在每天的最佳运动时段增加训练难度,以便更好地锻炼你的心脏、大脑和身体:

· 爬山坡或者爬楼梯,进一步锻炼力量。

· 加快速度。以更快的速度行走能让负责行走的肌肉得到更大的锻炼。你可以通过有节奏地从前向后运动你的手臂来增加运动量。

· 负重行走。在你的手腕或脚踝上捆负重带是增加锻炼强度的极好方法。你也可以在背包里装上书(或者像我的一个朋友过去常做的那样装上洋葱),来达到你想要的负重状态。但这样做的前提是要确保自己感到舒适。我不建议你边走边举重物。

缓速到中速跑步——这与行走类似,但速度更快。下面是一些帮助你开始跑步的指导意见:

・准备一双好的跑鞋。你当然可以穿普通的训练鞋跑步,但跑鞋主要是为奔跑设计的。选择一双合脚且舒服的跑鞋,这有利于跑步。记得系鞋带!

・一边慢跑一边听音乐是让你更加享受运动的绝妙方法,但在靠近公路的地方要注意安全。

・记录你每天的成绩。

・增加训练的难度:跑上坡路或者登台阶会让运动变得更加艰难。

・在距离较长的慢跑期间,尽可能地做一些做短距离冲刺。

其他让人感到舒畅的有氧训练:

・骑自行车。

・游泳。[15]

・混合式健身。

・练习尊巴舞。

力量训练——这可以归入无氧运动的范畴。它能够开发力量并激活能量。力量训练通常比一般的有氧运动训练要求更高,其目的是让机能在短时间内高强度爆发。力量训练的好处很多,以下仅举几例:

・改善心脏功能。

・增加肌肉、骨骼和韧带的强度。

・提高耐力。

- 增强平衡性与协调性。
- 降低受伤的风险。

体能锻炼——这是一种奇妙而又方便的锻炼方法。它是免费的,你可以在清晨起床后舒适地在家里进行锻炼,用不着担心必须去健身房。你可以用这种亲力亲为的方式显著地改善自己的健康状况。它不仅能加强力量,而且可以用优美有趣的方式使你接触自己的身体。

下面是一些可借鉴的方法:

- 制订一套属于你自己的常规方法。
- 找到一些你喜欢的活动,把它们纳入每天的待办事项中。在清晨留出执行常规锻炼的时间。
- 在前一天把东西准备好:服装、饮用水、记录本和其他你锻炼时需要的东西。第二天早上起来的时候,你已经付出了一半的努力。
- 写下你的进步。重要的是要用可以测量的方式看到自己的进步。或许你今天做一项练习只能重复几次,但在几周后回头看自己的进步时,你会为自己做了那么多的锻炼而感到吃惊和欣喜。
- 找一个锻炼的专属空间。如果你在家里有一间房间或者车库专门用作锻炼,那就更好了。当进入这个空间时,你就可以在大脑里创造一个与锻炼相关的清晰的联系,而且这也可以激励你。你一到那里就知道,不到锻炼结束你是不会离开的。

巫师大脑的小·建议

» 用轻度体育锻炼开始一天,是为身体充能并激励自己的好方法。

» 一周步行约75分钟能够改善你的身体健康和心脏健康。

» 研究证明,与不跑步的人相比,一个人只要每周慢跑3次,每次16—40分钟,能够降低30%的死亡风险。

» 我们的身体是用来运动的。当我们运动时,大脑会释放让人感觉良好的神经递质。

» 蜥蜴大脑当然会抗拒运动,所以我们必须训练它。我们可以使用一些招数,如形成条理,接受对于我们努力的赞扬,进行观想,与朋友一起锻炼等。

» 锻炼通常分为有氧运动与无氧运动。

» 尝试不同的运动,找出哪种运动对你的清晨行为更有益。

» 脑力锻炼对身体和认知行为具有积极的实质性影响。这是令人欣喜和惊讶的。

» 调整你的锻炼时间来进行身体活动,避免时间冲突,从而改善睡眠、加强新陈代谢并延长整体寿命。

第十四章
饮食很重要

食物是生命的必要成分。人类没有雷诺阿（Renoir）、莫扎特（Mozart）、高迪（Gaudi）和贝克特（Beckett）也能活，但没有食物必死无疑。

——格兰特·阿卡兹（*Grant Achatz*）

  你吃的食物对你的日常功能具有重大影响,包括你是否有动力去锻炼以及完成其他需要体力与脑力的任务。运动本身不会减轻你的体重,你也必须依靠吃饭来维持你不可思议的身体和大脑运转。哈佛大学最近的一项研究显示,单靠运动无法让你长期减轻体重——饮食与生活方式的改变,才能让你一生保持体重稳定。[1]

  有些研究已经证实了吃早饭与健康的身体之间的联系。[2,3] 也有研究证明了健康的体重有利于降低罹患糖尿病、脑卒中和心脏病的风险。[4,5] 正确的食物是为你的身体和大脑充能的燃料。想象一下,无铅汽油进入柴油发动机后会发生什么。现实中你肯定不会这么做。因为你知道,柴油发动机需要柴油才能正常工作,否则发动机会受到损坏。你的身体也同样如此。它是以你吃的食物为燃料的发动机。

所以,如果你总是吃一些达不到标准的食物,无法获取你的身体发挥功能所需的营养,那么你的身体和大脑就会无法正常工作。当然,你的身体和大脑还有用,你还能在某种程度上动用它们,但随着时间的推移,由于它们无法得到真正需要的营养品,你的身体会出现疲倦、激素紊乱以及患某种疾病的风险增加等问题。例如,由于缺乏钙质和维生素D,你患骨质疏松症的风险就会增加;抗氧化剂的摄入量不足也会引发某些癌症。

我们依靠身体内的各种反应获得的50多种不同的营养物质而存活。这些营养物质是从碳水化合物、脂肪和蛋白质而来的,大部分人对这三种物质有足够多的摄入量,而且通常会摄入过量的碳水化合物。然而,我们也需要来自维生素、矿物质和必需脂肪酸的关键营养,这些东西是大多数人缺乏的。

让你的巫师大脑进食,避开你的蜥蜴大脑

不知是传说还是真实事件:有些人选择不吃早饭,而且这实际上对他们更好。有些人总是吃得很少,我85岁的祖母就是一个例子,她每天的早饭总是一小杯热牛奶冲燕麦片或者类似的食物,但她

保持着健康的体重,并且在绝大多数时间里都处于健康状态。摄入营养物质的作用中最吸引人的地方是能让她保持良好的认知和长时记忆能力。

然而,这种方法并非对所有人都有效。科学家们许多年来一直认为,早饭是一天中最重要的一餐,而且,一个人如果不吃早饭,就必须在一天中的晚些时候多摄入一些热量予以补充。在身体状况一样的情况下,不吃早饭的人与正常吃早饭的人相比,他们的体重反而增加了。然而,最近的研究开始对这一理论提出质疑。康奈尔大学营养科学系(Division of Nutritional Sciences at Cornell University)的一项研究发现,有些不吃早饭的成年人会因热量不足而减轻体重。[6]

纽约肥胖营养研究中心(New York Obesity Nutrition Research Center)所做的另一项研究发现,不吃早饭或许会让超重的受试者减轻体重。[7]在一项为期16周的考察中,研究者们将超重与肥胖的受试者分为两组,让其中一组吃早饭而让另一组不吃早饭。他们发现,这两组受试者的体重减少状况并无差别。尽管人们经常用这类研究来说明不吃早饭能够更好地控制摄入的热量,但实现短期减肥目标其实有更好的方法。

如果你的晚餐在19:00—21:00进行,而且你不吃早饭,直到12:00再吃午饭,那么你将有15个小时以上的时间未曾进食。在中午之前,你的家人和朋友肯定会看到你的蜥蜴大脑迫不及待地想要冲出来。有一个理论建议，让你的消化酶缓慢地增加，这将帮助你在下一顿饭前一直不觉得饿。这种缓慢的食物消耗过程可以帮助你的消化系统为更丰盛的午餐做准备。

当说到为自己选择正确的早饭时，请记住你是独一无二的，所以你必须找到适合自己的食物。下面说的只是一般性的指导意见，而不是你必须遵守的规则。如果觉得自己必须坚持吃严格限定的食物，那么这只会增加来自你的蜥蜴大脑的抗拒。而我们都知道，许多坚持通过限制饮食来减肥的人最终又胖了回去。

我们不建议你严格限制或者从根本上改变你现在的饮食。你可以认为这是一种生活方式的改变，而不是饮食上的改变。能够乐于享用食物是非常重要的。与让你觉得受到限制的大幅度变化相比，能够让你享受的小规模的渐进式变化要更有力、更容易保持。如果某些更健康的食品是你爱吃的，那么你能一直坚持下去的可能性会大得多。更重要的是，每个人都是独特的，对你的体质、新陈代谢和其他生活方式来说，最好的食物也是独特的。

· 保持一种有规律的日程安排。这有助于身体的时钟设定释放酶的时间，并降低血糖对情绪状态的影响。

· 多吃深绿色的叶类蔬菜和根茎类蔬菜，如西蓝花、卷心菜、胡萝卜、青豆、甘蓝、生菜、菠菜、红薯、瑞士甜菜、青椒和豆瓣菜。

· 尽量选购绿色产品和当地农产品。少吃含糖食物，少喝含糖饮料,如蛋糕、点心、糖果、软饮料等。完全放弃吃含糖的食物或喝含糖的饮料是最理想的。

・多吃黄豆、扁豆和全谷类食物,如荞麦、小米、藜麦、大米和黑麦,它们都是极好的蛋白质来源。

・减少精制碳水化合物的摄入量,如饼干、面包、蛋糕和意大利面食,最好完全不吃这类食品。

・多吃新鲜水果。它们不仅非常鲜美,而且对你有好处。

・饮用新鲜的水也是为身体补水并保持健康的极好方法。

・避免吃加工食品和其他含有食品添加剂与调味剂的食品。

・保持体内水分充足。安全饮水可能是一种能够减少摄入不必要的、不想要的热量的健康方法。

・建议正在减肥的人慢一点吃饭。这很可能也是适用于所有人的更好的方法。

・减少酒精摄入量(或者完全戒酒)。这说起来容易做起来难。但这个问题超出了本书的范围。

根据身体类型吃东西

在印度文化中,炖苹果和枣是与热燕麦粥一起作为食物被端上饭桌的。其中加入的香料包括黑胡椒、小豆蔻、辣椒、肉桂、姜黄、多香果等。人们普遍认为这些香料能促进新陈代谢。不管怎么说,在燕麦粥里加上一点香料肯定会增加你的食欲。

印度的理论还不只这些,它们认为香料的选择应该以你独特的体质和身材类型为基础。对于运动迟缓的"梨型"身材的人而言,传统的印度烹调建议在饮食中加入辣椒和黑胡椒,让其能够在清晨精力充沛。对于运动速度快的"苗条型"身材的人而言,传统的印度烹调推荐在其饭食中加入小豆蔻和姜黄。人们相信,这些香料有助于在快节奏的生活方式和饮食之间建立平衡。东方与西方饮食传统的共同之处包括:慢慢吃,享受放在面前的食物的芳香。在我们步履匆匆的日常生活中,早餐是我们能够享受每一口食物并正确地开始一天的唯一机会。

滋养你的大脑

在吃东西方面你必须留心大脑健康的需要,这一点很重要,因为清晨起床的灵感与愿望是从思想开始的。你的大脑需要的氧和营养占据你用于发挥机能的总量的20%。早上的食物为你提供能量,让你精力集中,而你要通过食用那些健康美味的食物让自己尽量清醒。

以下食物对于形成积极的心态效果绝佳:

・富含 ω-3 脂肪酸的食物,包括奇亚籽、亚麻籽和核桃。ω-3 脂肪酸对于提高注意力和积极性效果极佳,因为它对大脑的思考和处理能力大有裨益。

· 富含抗氧化剂的食物,如苹果、黑莓、蓝莓、蔓越莓、覆盆子、李子、梅子,以及西红柿和黑巧克力(选用无糖巧克力条)。而卷心菜、菜花和西蓝花这类蔬菜可以增加大脑供氧量,让其变得聪明、健康。

· 富含酪氨酸的食物。酪氨酸是一种氨基酸,能在体内被合成为多巴胺。多巴胺与快乐和幸福相关,是让人感觉良好的化学物质。它也能为我们供应能量,提高我们的注意力。食用杏仁、苹果、香蕉、蓝莓、鸡蛋、花生、甜菜、芝麻、螺旋藻、南瓜子和西瓜这类食物也是增强你的体力和促进体内多巴胺生成的好方法。

· 选择正确的食物为你的大脑充能。这可以提高你的注意力、积极性,使你精力集中。我们不需要立即完全改变。你能对你的每顿饭做出简单的改动就好,如加入上述一两种食物。

肠道健康

现代西医之父希波克拉底曾经说过:"一切疾病始于肠道。"现代医学也同意他的观点。消化系统是一个令人惊讶而又错综复杂的体系,在我们的健康方面扮演着关键角色。肠道细菌生态系统中存在着微妙的平衡。这些细菌对我们的生存至关重要。简单来说,其中包括"有益"细菌和"有害"细菌。我们吃的不同食物,都分别"喂养"着其中的一类。[8]

有害细菌是由糖和垃圾食品"喂养"的。你摄入的加工食品和含糖食品越多,你肠道里面的有害细菌就越强大。这会让你很难从有益健康的食物中吸收营养,因为有益细菌遭到了有害细菌的压制。如果出现了两类细菌不平衡的情况,身体就可能出现呼吸问题、炎症,而且肥胖和糖尿病也与此失衡有关。

伦敦大学国王学院的遗传流行病学教授蒂姆·斯佩克特(Tim Spector)在他的儿子身上做了一个实验,观察持续食用垃圾食品会对他儿子胃里的细菌产生什么影响。结果他发现,仅仅在食用麦当劳食品10天之后,他儿子胃里40%的有益细菌都被滋生于垃圾食品的有害细菌吞噬了。[9, 10, 11]

如何改善肠道健康

· 食用提供有益细菌的食物:在肠道中恢复有益细菌生长的最简单的方法是多吃蔬菜。这会让因不健康的饮食习惯而消失的有益细菌重新滋生。

· 食用发酵食物:发酵食物为有益细菌提供的营养与其他任何食物都不同。你可以尝试腌制卷心菜、黄瓜、洋葱、胡萝卜和其他你喜欢的蔬菜。

·减少糖的摄入量:我们有这么多鲜美而且令人满意的替代品,实在没有必要在食谱中加入糖这种"神经毒素",因为它非常容易让人上瘾,所以你必须弄清楚,不吃糖意味着你要戒"毒"。

·减少咖啡的摄入量或者完全不喝咖啡:每天早上喝咖啡会使用于分解食物的胃酸减少,会对你胃里的细菌造成挑战。无法被你的胃正常消化的食物会在肠道中腐烂毒化,从而造成危害健康的疾病。

·避免服用抗生素:从本质上来说,抗生素对你的肠道细菌是有害的。不幸的是,一些食物和饮用水受到了抗生素的污染。如果你一定要吃肉,那就吃有机饲养的食草类动物的肉和相关产品,因为管理这些动物的饲养标准规定禁用抗生素。

巫师大脑的小·建议

» 你在清晨时分食用的食物对你一天的身体、精神和情感状态具有重大影响。

» 并非人人都需要吃早餐,需要吃早餐的人应该吃少量且健康的食物。

» 每个人的饮食要求都是独一无二的。

» 有关健康饮食有一些普遍的指导意见。

» 食用有些食物可以集中注意力、提高思维清晰度。

» 我们的肠道是身体健康的一个关键部分。

- » 我们肠道中的细菌包括"有益"细菌与"有害"细菌。
- » 我们"喂养"哪种细菌取决于我们吃的食物。
- » 我们对其中一类细菌"喂养"得越多,另一类就越不容易在胃里正常生长。
- » 为了提供有益细菌,我们可以多吃蔬菜和发酵食物,减少糖分摄入量,少喝咖啡,避免摄入抗生素。

第十五章
我们为什么需要睡觉?

从第一天起,我的哲学就是:如果我每天都能够提高我对于食物和葡萄酒的认识,那么晚上就会睡得更好。

——埃默里尔·拉加斯(*Emeril Lagasse*)

对于我们许多人来说,睡觉不是一个问题。如果有什么行为人人都是专家的话,那就是睡觉。美国人的预期寿命约为78岁,这意味着,一个人一生会睡差不多26年的觉。对于许多人来说,这是他一生的三分之一。这显然是我们的身体和大脑需要正常发挥功能的一个重要保障,但我们为什么需要睡觉呢?

关于睡觉的原因有许多理论,但从本质上来说,科学家们还没有得出一个一致的结论。说实话,他们并不知道人类需要睡觉的真正原因。一个理论是,睡觉对于我们身体的康复过程是必须的,比如清除神经系统中的有毒废物,而在这一过程中,大脑在沉睡时的效率是醒着时的两倍。

另一个理论认为,睡眠为大脑提供了一个处理白天的信息和事情的机会。在睡了一个好觉(这时候大脑整理了前一天的信息)之后,人们往往更容易对需要考虑大量信息的重大问题做出决定。在睡眠期间,大脑可以帮助某些通道成长,同时"修剪"那些不那么重要的通道,即大脑可以为它在白天建立的神经通路设定优先级。睡觉的真正原因很可能是多个原因的综合。

我们知道,睡眠是至关重要的。如果睡眠不足,我们就会变得易怒、性情乖戾,而且集中注意力和发挥作用的能力通常也会受损。健康成年人的快速眼动睡眠占据其总睡眠时间的20%—25%,人们认为这时的大脑经历了情绪记忆的处理过程,而该过程有助于"修补"情绪紊乱。众所周知,睡眠不足确实会造成死亡,它也是许多交通事故的元凶。睡眠不足也与高血压和肥胖有关。[1]美国国家睡眠基金会(National Sleep Foundation, NSF)于2005年对1.68亿美国公民做了一次"美国睡眠调查"。他们发现,37%的被调查者承认自己曾在驾车过程中睡着。美国国家睡眠基金会得出的结论是:年轻人,特别是年轻男人,是最容易因为疲劳驾车而引发事故的。[2]

最佳睡眠时间是多少

最佳睡眠时间并没有准确的数值,因为这一时间因人而异。在美国睡眠医学会(American Academy of Sleep Medicine, AASM)主席纳撒尼尔·沃森(Nathaniel Watson)博士的领导下,来自美国睡眠医学会、睡眠研究学会(Sleep Research Society)和疾病控制中心(Centers for Disease Control)的成员共同组成了共识会议小组,发布了如下有关睡眠与健康的公告:"睡眠的适宜时间,是让人在醒来时精神焕发并在不需要咖啡因或其他刺激物的情况下整天保持清醒的睡眠时间。我们现在推荐的时间是每晚7—9个小时。"[3]

有些人需要8个小时的睡眠才能达到最佳活动状态,但也有人睡5个小时就够了。哈佛大学医学院对一批年过70岁的护士所做的一项研究表明,睡眠过多和睡眠不足同样具有危害性。[4]加利福尼亚大学精神病学系(Department of Psychiatry at the University of California)做的另一项研究,探讨了过去的其他研究,得出了如下结论:每天晚上睡眠超过8个小时将会增加死亡的风险。他们发现,限制睡眠时间可以延长生命,特别是对老年人来说,而且具有抗抑郁的效果。[5]

每个人的睡眠时间都有一个"金发女孩数量"(根据英国童话,金发女孩在森林里发现了熊的家,里面各种东西都有3套。对她来说,大的太大,小的太小,只有中间的最合适。因此,"金发女孩数量"就是不大不小刚刚好的程度——译者注)。确定多少个小时的睡眠时间对你最合适是夜里能休息好的关键。找出你独特的最佳睡眠时间的一个好办法是,在下次假期时,你在一周内每天晚上都选择在同一时间上床睡觉,然后根据早上自然醒来的时间进行推算。[6]

如何在晚上睡个好觉

就如何在晚上睡个好觉来说,合适的睡眠时间很关键,良好的睡眠质量也很关键。下面是让你在睡梦王国中最大限度地探险的一些建议:

· 保持固定的入睡与苏醒时间:这一条说起来容易做起来难,但如果你能做到这一点,它会对你的睡眠质量产生重大影响,因为这会使你的行为与你的生物节律合拍。选择一个你知道自己会困的时间作为上床时间,这会让你在醒来之前得到足够的睡眠。

· 周末别睡懒觉:工作日很忙,想在周末放松一番的人同样很难做到这一点。但不幸的是,周末睡懒觉会对你的睡眠产生不好的影响,让你的身体无法在无须工作的时候得到恢复,从而造成你始终无法得到充分休息的恶性循环。你要在周末抗拒蜥蜴大脑让你舒舒服服地躺在床上的诱惑,然后起床并充分利用你的空闲时间。

· 确保耗尽你的能量:按照我们现在久坐的生活方式,每天在荧光屏前端坐7.7个小时会让大脑和眼睛感到疲倦,但我们的身体不见得每天都是如此。如果体内还有残存的能量,这就会降低睡眠质量,导致你失眠。你可以通过白天足够的运动来避免这种情况。无论是留出时间锻炼,还是出去和狗一起轻快地散步,身体的活跃运动都会让你在白天更清醒,这有助于你的夜间睡眠。[7]

· 白天小睡一下:打瞌睡甚至有一个听上去很有科学气息的名字——"多阶段睡眠"。这让人们觉得随时睡上一小觉非常合情合理。历史学家认为,在电灯发明之前,人们整天都在打瞌睡,他们把白天分成两段,每段是4个小时的睡眠。到了晚上他们也会睡觉,然后在午夜醒来1个小时左右,接着一觉睡到早晨。一些著名的多阶段睡眠者有尼古拉·特斯拉(Nikola Tesla)、莱昂纳多·达·芬奇(Leonardo Da Vinci)、萨尔瓦多·达利(Salvador Dali)、巴克敏斯特·富勒(Buckminster Fuller)、拿破仑(Napoleon)、托马斯·杰斐逊和托马斯·A.爱迪生。怎样热烈地赞扬甜美小睡的好处都不为过。好好地打个瞌睡会让醒来后的你容光焕发,使你能够精神抖擞地处理一天中所有的未竟事务,并且不会让你在上床的时候睡不着。10—20分钟的小睡可以非常完美地增加你的能量并提高机敏度。[8, 9]

· 睡觉前不要进食"刺激性"食物:咖啡、葡萄酒、油炸食品、辛辣食物、冰激凌、酸奶、巧克力以及任何有糖分或者含盐量很高的食物,都会让你的大脑和胃过分清醒。没有必要用这些东西打扰你的良好睡眠。

· 关灯:来自荧光屏的蓝色光会让大脑受到刺激。你最好在上床之前几个小时里避免看荧光屏,找其他的三维方式愉悦自己。大脑需要在黑暗的环境下生成帮助你入睡的褪黑素。上床时关灯,确保用有用的百叶窗或者窗帘遮挡窗户。如果你在夜里需要光亮,可以使用手电筒或床头灯来照亮,在其他情况下关掉所有的灯。

· 养成放松的就寝习惯：留出时间和空间，让就寝成为一件放松的事。为第二天做好准备，然后舒舒服服地洗个澡，看一本好书，听一首柔和的乐曲，悠闲地进入睡眠。[10]

· 冥想：人们早就知道，冥想能够改善睡眠质量，也能提供其他类似的好处。通过6周的睡眠质量促进计划，斯坦福医学中心（Stanford Medical Center）的一项研究观察了一批身患失眠症的病人。在计划结束后，受试者从上床后到入睡需要的时间缩短了一半。[11]

有关以呼吸为基础的放松的简单指南

我们最近在《可视化实验杂志》（*Journal of Visualized Experiments*）上发表了一篇经同行评议的论文，论及通过使用引导下的放松和呼吸技巧帮助稳定大脑并缓解身体紧张状况的问题。[12]这份研究讨论了如何利用呼吸控制和身体扫描来改变我们的 α 波，并使改进后的脑波与放松时的状态一致。这一结果影响深远。

这个简单的科学医疗方法可以用于稳定你的大脑，甚至还可以与你的巫师大脑连线。你可以改善自己的身体对于日常压力的反应，使自己更好地应对生活中的风险。它的重要意义在于，只要你能在生活中留出10—15分钟的时间用于放松或者冥想，就可以避免任何可能的分心，如其他人对你的要求、智能手机和计算机对你的影响。[13]

只要用下面的10个步骤就可以走向幸福,而且大脑在8—10分钟后会进入放松状态:

1. 舒服地坐在地板的垫子上或者椅子上,姿势放松,但背部挺直。不要躺下。

2. 你的身体应该舒适到让你能够集中注意力,但不要达到能够让你入睡的程度。

3. 做肩翻滚动作(向上提起肩膀,然后尽量把它们向后拉,以感觉不舒服为限,最后垂下肩膀)。

4. 缓缓地闭上眼睛,将注意力转向体内。

5. 以这种舒适的姿势坐一会儿。

6. 用鼻子吸气,让气体进入腹部,于是你的整个横膈膜都充满了氧气。从1数到4。

7. 用鼻子呼气。从1数到4。

8. 注意吸气时让气体从鼻孔下行进入腹腔,感受腹腔被填充的感觉。呼气的时候继续保持这种气体流动的感觉,让气体离开你的鼻子。注意呼吸的感觉和质量。

9. 继续将注意力集中在呼吸上。当你因为别的想法分心时,不要试图打断这时的想法,而要注意感知气体是否消失,并继续注意呼吸。

10. 继续做这种练习,于5—10分钟后停止,或者当你感到自己心境平和时停止。坚持每天练习。

呼吸技巧可以与冥想练习或者祷告相结合。正如我们在最近进行的有关这一题目的研究工作中所证实的那样,蜥蜴大脑对于受控制的呼吸反应激烈,而通过平衡方式的呼吸,这种强有力的简单技巧可以重新平衡你的思想和情感。[14]

其他能够让蜥蜴大脑在白天闭嘴的有效方法

・认清你的恐惧:在开始一项新任务之前(无论是培养新的清晨习惯、创建一个企业还是做出一项有风险的决定),首先考虑你将面临的一切潜在风险。写下你的任务可能面临的最糟糕的局面。这种做法具有多重好处:这时候你会发现,你的恐惧几乎总是没有根据,而且你可以在遇到问题时做出应对。你对于处理会触发蜥蜴大脑的恐惧反应的事件所做的准备越充分,完成任务的能力就越强。

・全力以赴地制订最周密的计划:当你知道自己会为了改善生活而离开舒适区时,可以就如何做到这一点制订详细的计划。蜥蜴大脑很容易感到害怕。无论这是一个商业计划、一份愿景声明、一个常规锻炼计划,还是一张告诉你如何在陌生的环境中闯出一条路的详细地图,你都要有前瞻性地考虑具有保护性的计划,以各种行为应对你无法控制的变数。

・提醒自己:你很容易忽略让自己身处不舒服的境地的原因。

要让自己总是能够看到艰苦的工作和最后会得到的好处,你就必须每天提醒自己做这件事的原因,以及你现在的努力将会给你带来的好处。

巫师大脑的小·建议

» 我们一生中有三分之一的时间在睡觉。

» 我们需要睡觉的原因,现在还无人知晓。

» 睡眠对于维持身体的机能是至关重要的。如果没有睡眠,我们就会失去关注点、注意力和必需的认知处理能力。

» 缺乏睡眠会导致死亡,这是每年许多事故的罪魁祸首。

» 最佳睡眠时间因人而异,但通常为7—9个小时。

» 你可以做几件事来改善睡眠,包括固定的入睡与苏醒时间、不在周末睡懒觉、消耗体能、白天打个瞌睡、不吃某些食物、关灯、养成令人放松的就寝习惯和冥想。

» 蜥蜴大脑的最大挑战是克服对疼痛和不舒服的恐惧。

» 让蜥蜴大脑闭嘴的第一步是知道它如何工作。

» 当我们进入"战或逃"反应时,氧会从大脑抽离供给四肢。

» 要让巫师大脑重掌大权,我们必须让氧重回大脑。

» 呼吸和冥想可以帮助我们做到上述这点。

» 不同的情绪状态有自己的呼吸模式。

- » 基于呼吸的冥想适用于临床环境,能够达到极好的治疗与恢复效果。
- » 经常练习冥想能让我们更好地与巫师大脑连线。
- » 我们可以通过控制呼吸来和巫师大脑连线。
- » 通过认清我们的恐惧、制订计划,以及提醒自己为什么需要改变,我们可以让巫师大脑更好地工作。

第十六章
像个大厨一样开始与结束一天：专业的神经科学

没有新的想法，成功也会变味。

——安东尼·波登（Anthony Bourdain）

将集中注意力作为清晨的第一件事,这对保持大脑的冷静沉着至关重要。与此相反,查看电子邮箱、浏览社交媒体或者新闻会让人精神恍惚。将注意力分散到其他事情上面会让你对它们做出反应。这很可能是消极的。以做出规划或者进行大厨式的"食材准备"作为一天的开始,会让你的注意力集中在达成目标与完成任务的积极目的上。[1,2] 以总结你的一天取得了哪些成就作为这一天的结束会造成一种平衡效果,它能承认你的努力工作,有助于你更有效地开始新的一天。你可以把规划和集中注意力的努力放在一天中最初和最后的短暂时间里,这将建立一个保证你的个人成功并让你自力更生的系统。

你可以选用一个表示具体行动的动词开始你的工作计划,如收集、建立、构建、回顾和访问等,这可以让你在实现目标的过程中变得积极而且专注。具体地指出你想要取得的目标,专注于最大的成功或者最高的奖励。把大项目分解成你可以在思想上比较容易管理的较小的任务。计划是人们广泛接受的成功策略之一,此外,它还需要与灵活性结合,以处理行动展开后的现实情况。这是专业大厨和其他高层次成功人士的关键能力。

过去,科学家们认为,大脑是一个相对固定的宝贵资源,在孩提时代之后基本不再变化。幸运的是,大脑成像和对大脑的理解方面的进步正在揭示一些与过去截然不同的情况。神经可塑性(大脑的适应能力)证明你实际上可以"教老狗玩新把戏"。最新的研究揭示,当你在任何领域内掌握了专业技能时,它实际上改变了大脑的形态与功能。人在任何年龄段对于技能的学习与发展都会改变大脑的形态和功能。

什么是神经可塑性

随着年龄的增长,我们的思维、行为、动作和感觉的方式会发生重大变化。我们的经验、知识和技能定义了我们的性格、身体形态和大脑功能。我们在7岁时的生活方式与我们在25岁或者70岁时的截然不同。在我们的生命周期中,大脑的这种思维能力和运作方式的转变带来了"全新的"个体,他们的性格和能力差别极大。

正是大脑的成长与变化能力让整个生命中的这种转变成为可能。但是,我们并没有经历急速的蜕变,而是经历了缓慢、渐进但广泛的变化。大脑对它面对的信息和经历做出了反应,向能够满足我们对它的要求的方向发展。就像一块你经常使用的肌肉,大脑在你需要它的时候可以变得"更坚强"、更敏捷。

每一个重复的想法、行为或者情感都会加强一条特定的神经通路,它们在人称"神经元"的大脑细胞之间形成联系。随着时间的推移,这些小的变化累加起来,我们便在重复做的事情上养成了习惯,并掌握了技能和专业知识。大脑就像一块可以坚挺起来支持特定技能的肌肉,而且它也会在我们不使用的时候萎缩。神经可塑性就是允许大脑根据它当前所面对的需要而变化的特性。如果你需要运用专业知识来执行某个特定的技能或者完成某项任务,那么大脑将改变形态来帮助你,让你在实践过程中越做越好。

从物质层面来说,大脑是由数以十亿计的神经元组成的。这些细胞的互相交流,靠的是化学信号与电信号的结合,这种结合的表现如同信息。在我们学习一种新技能的时候,神经元会在它们的交流中变得更有效,因此,大脑可以用较少的努力让信息通过。它们之间的联系更强了,或者说联系更紧密了,甚至可以有效地一次刺激多个细胞。这就帮助我们协调涉及多种感官和运动的复杂功能,如打网球。

突破性的研究

大厨以其高傲的姿态、领导力以及显而易见的高超厨艺而闻名,尤其是那些在电视上现场表演的大厨。但到底是什么让他们如此与众不同呢?研究人员与意大利厨师联合会(Italian Federation of Chefs)合作,对大厨的大脑进行了详细的研究。

这些研究得到的结论是,大厨的大脑实际上更多地开发了一种特别的神经组织,叫作"灰质"。研究人员也发现,大厨的技能和专业知识(而不是他们的个性)才是与小脑联系的部分。大脑的这一区域负责运动功能(控制肌肉和四肢)和认知功能(通过感官获得与理解新的信息和经历)的实现。[3,4]

开发技能

实践学习与加强技能的过程通常与小脑有关(它位于脊柱与大脑交汇的部位,由两个独立的半球组成)。研究中揭示的解剖学变化表明,大厨的大脑发育能够帮助他们更快地处理运动与认知功能的特定信息。

为了学习一种新技能,或者进一步开发已有的技能,我们需要重复进行特定的脑力或者体力工作,逐步提高我们的能力和速度。

为了让我们做到这一点,大脑需要做出改变。为了提高在做任何事情时的准确性和效率,大脑需要建立与巩固多种神经元之间的联系。大脑的不同区域之间需要有联系,这样才能提高连续运动和思考的能力。例如,在弹钢琴时,灵巧度以及视觉和听觉能力是按键、读谱和评估音调(同时进行!)时所必需的。

任何一种专家

几十年来,像爱因斯坦一样的天才的智力自然会让神经学家们感兴趣。他们热切地希望理解技能、专业知识和天才水平的能力之间的关系,所以一丝不苟地研究了爱因斯坦的大脑。爱因斯坦的大脑皮层的某些区域似乎有些缺陷,因此他的语言能力发展比较慢,而更喜欢通过视觉图像思考。然而,他从幼年期就开始接受小提琴训练,这一点加强了他的大脑关键区域的运动与认知功能,弥补了其他不足甚至有所超越。科学家们广泛研究了爱因斯坦等天才的专业知识和熟练程度,从而解读大脑对于学习技能的反应方式。[5,6] 人们认为,在大厨身上看到的大脑变化对于任何特定领域内追求专业知识的人来说都是正常的,这些人包括出租车司机、象棋棋手、侍酒师,甚至游戏玩家。事实上,当发展到了专业知识的层次时,任何需要行动与思考的活动都可以对大脑进行塑造。

大厨是怎样思考的

当对食材、菜肴、主食和菜谱进行多重处理时,大厨需要一直集中注意力与精力。他们在计划与安排好复杂且相互关联的步骤后,能够迅速地做出决定,确定任务的优先级,管理庞大的工作团队,同时从同事们和充满了总是感到不耐烦的饥肠辘辘的食客的餐厅那里接收新信息。[7]

大厨需要评价复杂的口味、调整食材、评估新信息并应对突发事件,这些都是日常工作的一部分。当供应的食物数量和菜谱的复杂程度增加时,他们在认知方面的需求也增加了。除了智力方面的要求,他们也需要一系列复杂的运动技巧,对各种纹理与形状的食材原料进行切片、切丝和切丁,以及压榨和剁碎等处理。大厨能够在向他们提出的无数体力与脑力的要求面前保持理性与冷静,这简直是一个奇迹。

学习与成长

大量的脑力技能以及多年的实践、训练和经验,迫使大厨的大脑迅速学习、适应和成长。教育与实践经验的结合为关键技能变成第二天性的过程提供保证。于是,他们的大脑进入了潜意识领域,在那里更快、更有效地处理信息,不需要有意识地考虑该如何做。

肌肉记忆和紧密相连的神经通路能让他们以"自动"的方式应对日常的挑战，甚至是未曾预料到的难题，而不需要汗流浃背地冥思苦想。我们可以把他们的专业知识说成是神经与心理的适应性。这意味着他们的意识认知能够自由地运用创造性工作所需要的艺术性的优美笔触，为他们自己赢得世界级的声誉。

大厨经常利用习惯做法加快工作与处理信息的速度。"食材准备（mise-en-place）"的字面意思是"一切事项各就各位"，但实际上，它涉及多种思维过程和规划工具，其中包括开始任何行动之前的沉思：研究与计划食谱、评估与组装所有的食材和需要的工具。从本质上来说，这是在评价那个你试图实现并观想的最终将会出现准确结果的整个过程，通过每一个步骤，你可以思索到达最后一步的方法。这超出了节省时间的项目管理技能的范围，是一种类似于禅的哲学思想境界。它可以避免错误，减少你在寻找东西上花费的时间，排除干扰，并帮助大脑像激光一样高度集中。

有意识地创造

大厨和其他全神贯注的专家都是通过利用来自大脑新皮层的有意识努力来规划与驱动潜意识常规行为的。他们积极选择使用自己的巫师大脑，开发大脑中各个部分的潜能。系统学习、重复、努力工作、仪式和常规行为——这些都是在你自己的巫师大脑控制下的活动，它们真正具有重建大脑其余部分的能力。

常规行为是改善大脑的脑力与生理发育的捷径。当大脑将不同的任务连接成一个更广大的序列时，你是在现有的生理结构和神经联系上进行进一步组建的。这使得记忆信息更加容易，而且也减少了大脑对需要精神上的努力或者意志力的任务的抗拒。

这就是你开始一天的方式和在清晨初醒时刻启动思维的过程对你一天的方向和成功有重要影响的原因。[8]你愿意用一系列积极而且富有建设性的思考开始一天，还是用一连串混乱的、互不相干的想法开始一天？你开始一天的方式以及你选择的神经通路将决定你一天中的其余时间里的想法和行动。

利用塑性

大脑以特定的方式对思考和行为的需要做出了生理回应，这种新的理解为大脑科学打开了新的大门。人们过去认为，天分是你与生俱来的特性，或者说你天生就对某些事特别擅长。现在这种想法可以改变了，我们应该尝试其他途径。你必须积极地训练并让你的大脑成长，这样才能发展专业知识。

经常练习实践技能以及改善已有的大脑功能等做法将使你得到奖励，即大脑会进一步成长，能够满足你对它的需要。你可以将演练特殊技能等各种练习与扩展和发展专门技能的机遇相结合，从生理上改变你的大脑。

为专业知识提供养料

要培养大脑或者任何其他生理结构，我们需要健康的环境。现有的医学机构在很大程度上忽视了营养的重大意义。然而，最近的研究清楚地表明，如果我们想要让身体与智力的表现达到最佳，就需要为我们的身体提供高质量的营养物质。

大脑含有超过60%的脂肪，因此它需要大量的必需脂肪酸来搭建新结构。具有抗炎性的ω-3脂肪酸（可以在多油鱼类中找到）和其他健康的脂肪（如橄榄油和椰子油）很有营养，而且也能在我们年老时保护大脑，减少认知能力的退化，改善情绪。水果与蔬菜也能为大脑提供特定的营养。它们能够通过刺激特定的生物信号（如脑源性神经营养因子），缓解炎症并降低毒性，提高学习和认知能力。[9]

烹调专业知识

意大利团队研究的那些大厨是"精英中的精英"。他们是11位精选的烹饪高手,具有丰富的烹调经验,不但能在餐馆中服务,还能面对电视、美食家、评判团。快餐店中的典型"厨师",甚至大餐馆里的厨师都不可与这些大厨相提并论。

一位厨师通常会反复准备同一份套餐。尽管这种重复性工作在烹饪能力和时机把握方面确实需要技巧,但对认知成长方面的需求相对较少。接受研究的那些大厨面对的要求是掌握并处理一大批智力与认知上的挑战。

他们需要从自己的大脑中找寻一本有关口味、食材和烹调时机的庞大烹饪书籍,并以此取得信息,创造新颖的食谱和处理方法。他们需要迅速地在任务与大脑计划之间来回变换:在准备一道菜的同时计划另一道菜;在操持一份饭后甜点的同时保证没有其他任何东西烧焦、凝结或者变冷。

大脑在成长方面和对环境做出反应方面的能力具有双面性。一方面,它能为你提供有利的刺激和营养,同时也会迅速地接受新的专业知识并就此加以发展。另一方面,如果大脑缺少质量足够高的食物,并不断地重复对人没有帮助的习惯,就只能让你变成在看电视的同时吃比萨的专家。

确保你能正确地选择让你的大脑得到刺激和成长的方式。学习烹饪并成为大厨可能是由于大脑受到了美味的食物的刺激。决定你想如何思考、感觉和行动,并把这些想法和主动行为组合起来,使之成为能够启动你的清晨和一生中全部生活经验的神经高速公路。

巫师大脑的小·建议

» 每个重复的想法、行为或者情感都会增强我们大脑中的神经通路。

» 通过计划和互相关联的时间线,我们可以在执行多重任务时获得持续的注意力与精力。

» 教育和实践经验的结合可以保证关键技能成为第二天性。

» 常规行为是改善大脑的脑力与生理发育的极好的捷径。

» 具体地指出你想要实现的目标,专注于其中最大的胜利和最重要的奖励。

» 你需要为经常练习技能或者增强大脑功能创造条件,从而让大脑将进一步成长。它能通过自己的成长,满足你对它的要求。

» 决定你想如何思考、感觉和行动,并组合这些想法和主动行为,使之成为能够启动你的清晨和一生中全部生活经验的神经高速公路。

» 常规行为是改善大脑的脑力与生理发育的捷径。当大脑将不同的任务连接成一个更广大的序列时，你是在现有的生理结构和神经联系上进行进一步组建的。这使得记忆信息更加容易，而且也减少了大脑对需要精神上的努力或者意志力的任务的抗拒。

第十七章

注意你的生命能量：有关你的大脑和身体的古代智慧

你每一分钟的愤怒，都让你失去了60秒钟的心灵平静。

——拉尔夫·沃尔多·爱默生（Ralph Waldo Emerson）

古老的智慧与3000多年的临床实践相结合,形成了一套独一无二的医疗体系,成功地经受住了现代科学的考验。阿耶维达疗法(Ayurveda)是一种专注于疾病的根源,运用矫正措施和膳食疗法治病的经典保健方法。

这种具有启发性的个性化医疗系统能够帮助个人理解自己的身体、情感和精神健康的所有方面,并使之达到最佳化。它依赖于我们对自身人体系统、器官和组织的深刻了解。现已证明,阿耶维达疗法在让身体重新达到平衡的作用上与对抗性的医药疗法一样有用,甚至更有效。后者通常会掩盖病症,引发严重的副作用,而且很少能够彻底地治愈病人。对于许多现代探索者来说,这一传统保健方法正在揭示人体与精神的关键元素的奥秘,并使之最佳化。

阿耶维达概念

包括大脑在内的人体是由5种重要元素或者物质状态组成的。我们中的每个人都有独特的土、水、火、气和以太元素的比例。[1]

(1)土元素是基础元素,存在于我们的骨骼和牙齿中。

(2)水元素是身体的液体部分,存在于血液、水和其他体液中,负责向整个身体传递能量。

(3)火元素与体温(热生成)、消化、代谢和妊娠有关,在我们的情感和侵入性思维中扮演重要角色。

(4)气元素与呼吸系统和神经系统相关联,而且与神经信号、氧和身体运动(姿势)有关。

(5)以太元素即"空间",是身体空白的部分。你是否知道,一个原子大约有99.9999999999996%的空白部分。

贯穿阿耶维达疗法的核心主题是,我们可以把身体和行为的所有方面划分为3组:瓦塔(气+以太)、皮塔(火+水)和卡法(土+水)。人们通过身体特征(如体重与肤色)与性格特征(如对压力的反应)的结合,将身体类型归于这些亚类型中的一个或多个。[2]

阿耶维达疗法并不是唯一一个利用这种个人与属性的三重划分法的系统。对一切生物体而言，传统中医和古希腊医学（西医的前身）也依赖于与此非常类似而且确立已久的三重划分法。生命能量（Dosha）的类型反映了与大脑、身体和行为调节有关的特定模式。

尽管人们开始时只是通过对生物体征的观察确定生命能量，但现在，它的分类已经通过实验室测定和生物化学分析得到了确认。人们现在可以迅速地把血液化学、表观遗传学（基因表达的模式）和罹患特定疾病的风险与阿耶维达的生命能量分类挂钩，这种方法在印度已经使用了数千年之久。例如，脂肪细胞一般属于卡法生命能量，而当这种生命能量过多时，个体就会出现皮肤油腻、体重超标、胆固醇过高、易得糖尿病等问题。[3,4]

生命能量分类学

生命能量分类可以用于人类生命的所有方面：身体结构、心智功能、情感反应、社会关系和行为倾向。令人吃惊的是，人们正在逐步发现和理解隐藏在这些核心差别之下的神经模式和生物化学机理，它们控制着我们的存在方式的所有方面。

所有器官、细胞、生物功能和体内的过程（见233页表格）也都各有分类：

・瓦塔管理的是:细胞分裂、信号传递、运动、排泄废物和认知。

・卡法管理的是:骨骼这类物质的结构形成、生长、稳定和脂肪这类物质的储存。

・皮塔管理的是:新陈代谢、体温调节、视力、能量和注意力。

遗传学与生物化学

阿耶维达疗法运用古代的智慧成功地为人们进行了分类,从而使人们能够理解疾病、恢复平衡与改善健康。遗传学研究正在迅速地证实这些智慧:[5]

・心血管疾病[高水平的甘油三酯,总胆固醇,HDL/LDL(高密度脂蛋白/低密度脂蛋白)比率]在卡法类人群中的风险偏高。

・与具有其他生命能量的人相比,具有皮塔生命能量的人的红细胞计数较高、血红蛋白浓度较高。

・现已证实,免疫系统的遗传学规则也因生命能量的不同而有所不同。

・皮塔类型的人的免疫反应比较强。

・炎症基因在瓦塔类型中表达得比较多。

・卡法类型的人对于免疫信号通道的表达比较强。

・身体对运动的反应能力、血压的控制能力、神经系统的活动能力,都与生命能量有明显关联。

- 生命能量类型、遗传与新陈代谢、神经系统的功能，以及激素调控之间存在着非常强的相关性。这一点强调了生命能量对于健康、生活方式和行为具有如此可靠并且可以预测的影响的原因。阿耶维达疗法对于生命能量驱动的大脑化学物质和精神过程的理解，也解释了个体的生命能量为什么会决定他们思考、学习和睡眠的方式。

	瓦塔	皮塔	卡法
自然状态	活力四射 "总是忙个不停" 创造性的大脑 能够经历疲劳 对"战或逃"反应敏感 情感循环 容易被压力打倒 对寒冷敏感	创造性的大脑 精力充沛 "肚子里憋着一股劲" 有竞争力，目标导向 高代谢 意志坚定的学习者 自发性	耐力特强 消化正常 博爱、支持他人的个性 易睡眠过多 对体重增加敏感
最活跃的大脑区域	边缘系统 脑干	皮质 额皮质 网状激活系统	脑干 小脑

（续表）

	瓦塔	皮塔	卡法
触发物	突发压力 长期缺乏高质量睡眠 缺乏时间观念 吃东西太快 感官激活过度 碳酸饮料摄入过多 焦虑 不安全 恐惧、孤独	突发压力 不良饮食习惯，如错过几顿饭、吃辛辣食物 过分苛求的时间线 过多地暴露在高热中（夏季）	突发压力 坚持吃没有营养的食物或容易受到不健康的人际关系、责任和工作的影响 激素失衡
平衡物	食用足够多的高质量食物 按照常规进食 武术、舞蹈 每周按摩 指导下的放松 冥想 精油，如薰衣草、鼠尾草、金钟柏	每天用椰子精油自我按摩 指导下的放松 呼吸技巧 左鼻孔呼吸 笑与微笑 冥想 精油，如依兰、檀香、玫瑰、一切花露油（凉性）	常规日程安排，但也要寻找新的、令人激动的刺激性体验 每周从事4—5次体育活动 冥想 精油，如小豆蔻、肉桂、姜、丁香、乳香

不同的思考与表现方式

大脑的工作方式会影响你的感觉与行为方式。个体行为之间可观察到的差异经常与大脑的化学功能相关。例如，网状激活系统（负责唤醒并确定你是处于清醒、放松还是睡眠状态）在瓦塔类型的人中比较强。这就让他们对周围世界的反应过分强烈，但其在卡法类型的人中比较弱，这说明他们通常比较冷静。

生命能量和大脑功能之间有一些普遍的认知和神经特征：

- 瓦塔：学得快，忘得快，善于解决问题。
- 皮塔：非常坚定，目标导向，常采取有目的的行动。
- 卡法：缓慢、有条理地思考与行动，完美的日常行为，需要刺激。

检测你的生命能量

你可以用各种方法确定你的首要和次要生命能量，并找出过度与失衡之处。采用阿耶维达疗法的医生会使用视觉与生理检测方法，包括观察眼睛、头发、皮肤和舌头的状况。他们也用身体不同部位的脉搏力度与速度来确定每个人的平衡。

幸运的是，你也可以通过在线问卷、纸质问卷做自我检测，问卷提出了许多与采用阿耶维达疗法的医生相同的问题。如果你想尝试评估你的体质,填写一下本书中经过修改的生命能量问卷即可。

检查你的体质

我们对于每种体质都列出了a)、b)、c)三种特质。其中的1、2、3等代表了对于三种特质的描述在多大程度上符合你的情况。

· 不要留下任何空白的得分空格。
· 按照每种特质与你的符合程度填得分空格。
· 0代表"不符合";1代表"不是很符合";2代表"在某种程度上符合";3代表"非常符合"。
· 仔细阅读并做到对自己100%的诚实。

体质方面	特征	打分
身材	a)瘦,不合比例,有突出的血管	V:----
	b)中等,合乎比例,肌肉匀称	P:----
	c)身宽体胖,均匀分配	K:----
体重	a)不容易增加,很容易减少——比较轻	V:----
	b)容易增加,不容易减少——中等体重	P:----
	c)容易增加,不容易减少——超重	K:----

（续表）

体质方面	特征	打分
皮肤	a）干燥，冷，粗糙，颜色深，纹理浅，容易晒黑	V:----
	b）软，多油，温暖，颜色浅，略红，容易晒伤；多痣，多雀斑	P:----
	c）厚，光滑，多油，颜色浅，容易晒黑	K:----
头发	a）干，颜色深，卷曲或呈波浪形，细	V:----
	b）软，多油，直，略红，年龄不大时秃顶或者头发开始变白	P:----
	c）粗，多油，浅色或者深色，呈波浪状，多发	K:----
牙齿	a）突出，大，歪斜，牙龈瘦	V:----
	b）大小中等，发黄，牙龈较软	P:----
	c）结实，白色，形状良好	K:----
眼睛	a）小，灵活，棕色、灰色、紫色或不常见的颜色	V:----
	b）扁桃状，目光锐利且穿透性强，绿色、浅棕色、榛子色	P:----
	c）大，吸引人，黑色、蓝色、深棕色、粗眼睫毛	K:----
指甲	a）干，有些发灰，僵硬	V:----
	b）干净，形状好，柔韧	P:----
	c）方形，白色，平整	K:----
胃口	a）时好时坏	V:----
	b）食欲旺盛，没法挨饿，绝不可以少吃一顿	P:----
	c）始终一致，忙的时候可以少吃一顿	K:----

(续表)

体质方面	特征	打分
口味	a)喜欢甜、酸、咸	V:----
	b)喜欢甜、苦、涩	P:----
	c)喜欢辛辣、苦、涩	K:----
消化	a)时好时坏	V:----
	b)强	P:----
	c)一般	K:----
口渴	a)时强时弱	V:----
	b)强,饮水过多	P:----
	c)不是很强	K:----
出汗	a)很少	V:----
	b)量大,很容易出汗	P:----
	c)中等	K:----
体育活动	a)非常活跃、活泼、热情	V:----
	b)中等	P:----
	c)不太活跃,有些疲倦,想要从容不迫地工作	K:----
精力	a)容易爆发,也容易疲倦	V:----
	b)耐力适度	P:----
	c)耐力良好、稳定	K:----

(续表)

体质方面	特征	打分
精神状态	a）一刻也不肯安宁、容易激动、摇摆不定、有时有些恍惚、犹豫不决，动作、工作、走路都很快。容易发冷，手脚通常是冷的	V:----
	b）咄咄逼人，完美主义者，按照自己的想法行事，外向，比较开放，工作中崇尚准确、有条理，喜欢成为大家注目的中心，喜欢做领导者，讨厌热天气	P:----
	c）缓慢，善于容忍，极有力量，能忍耐，但办事极慢并且有条理，通常很平静，不容易被激怒或者激动，不喜欢阴冷下雨的天气	K:----
对未来	a）不确定，不可靠	V:----
	b）有野心，决心达到某个目的	P:----
	c）无所谓，随遇而安	K:----
习惯	a）任性	V:----
	b）有条不紊，逻辑性强	P:----
	c）保守	K:----
对压力的反应	a）变得紧张、忧心忡忡	V:----
	b）变得易怒、容易发火	P:----
	c）变得懒惰或者不负责任	K:----

(续表)

体质方面	特征	打分
气质（积极的）	a）思路敏捷,有爱心,善良	V:----
	b）成功,令人高兴,睿智	P:----
	c）冷静,稳定,有爱心,深情,宽容	K:----
气质（消极的）	a）令人恐惧,神经质,充满忧虑	V:----
	b）不耐烦,傲慢,嫉妒,易怒,利己	P:----
	c）贪婪,固执,占有欲强,依恋他人,压抑	K:----
记忆力	a）不是很准确,学得快,忘得快	V:----
	b）准确,学得快,忘得慢	P:----
	c）对过去的事情记得极清楚,学得慢、忘得慢	K:----
说话	a）快,口误多,健谈	V:----
	b）一针见血,表达清楚准确,有决断力	P:----
	c）慢,甜蜜,话不多,谨慎	K:----
清洁	a）有洁癖	V:----
	b）整齐,有次序,有强制性	P:----
	c）痛恨做清洁工作,情愿做别的事也不愿打扫房间	K:----
睡眠	a）质量差,常醒	V:----
	b）时间短,质量高	P:----
	c）时间长,睡得沉,不易醒	K:----

(续表)

体质方面	特征	打分
梦境	a) 飞, 跳, 跑, 恐怖场景, 古怪场景	V:----
	b) 暴力的, 火热的, 激烈的, 五彩缤纷的	P:----
	c) 水一般柔和的, 愉悦感官的, 一连串的, 长长的	K:----
信念	a) 多变	V:----
	b) 狂热	P:----
	c) 不可动摇	K:----
灵性	a) 精神上自律	V:----
	b) 倾向于看重物质上的成功	P:----
	c) 基本上是物质主义的	K:----
经济状况	a) 经济拮据, 在不重要的小物件上花钱	V:----
	b) 中产, 购置奢侈品	P:----
	c) 富有, 节省, 注重食物质量	K:----

总得分

瓦塔（V）	
皮塔（P）	
卡法（K）	

经北卡罗来纳州布恩市生活艺术静修中心（Art of Living Retreat Center）慨允，本测试根据山卡拉阿耶维达水疗法生命能量测试（Shankara Ayurveda Spa Dosha Quiz）改编。

弄懂你的测试结果

既然你已经完成了你的生命能量测试，就可以利用这一结果，弄清楚你的大脑与身体的平衡状态是怎样的，以便你的巫师大脑能够更好地参与，让你生活得更加充实。根据你的体质测试结果，你或许已经发现，你在一个或多个生命能量类型中获得了高分。这意味着什么呢？为什么会这样呢？事实上，这可能意味着，你拥有双重甚至三重生命能量。这或许不是件坏事。完成测试之后，如果只有一种生命能量得到了高分，你就成功地确认了你生命能量的主导类型。不管是哪种情况，都要祝贺你。

是的，你接着就会问："我是平衡的吗？平衡是什么意思？"不幸的是，由于我们的现代生活方式，99%的人都处于"失衡"状态，其中有些人失衡较严重。失衡是正常的。通过你的体质问卷结果和我们在本书中给出的所有信息，你有办法使自己的身体和大脑更加趋于平衡。是的，你要驯服蜥蜴大脑。请你回顾前边的内容，检查一下哪些触发因素会让你们中的一些人远离平衡。问问自己：我怎样才能在今天的生活中加入一两个可以增加平衡的事物？不必着急，花点时间,仔细地检查你的答卷结果。你可以与你的朋友、家人和同事讨论你的结果,并且问自己:"我现在过的生活是平衡的吗?"

矫正行为

一旦确定了自己的一个优势生命能量或者多个生命能量,许多人就会发现,他们的个性和周围人的个性已经定型了。当你弄清了为什么有些人喜欢冒险、喜欢新经历,而有些人痛恨这些活动之后,人们看上去也就不那么疯狂了。弄清楚你的生命能量可以帮助你预防疾病,让你的一天极有成效,并控制你的大脑和情绪。关键是要增加你与自然生命能量合拍的技能、天赋、长处和品质,同时减少过度与失衡之处。

清晨与时机选择

- 每种生命能量每天都有两个最佳时段。例如,卡法的最佳时段是6:00—10:00和18:00—22:00。
- 如果卡法类型的人刚好在6:00以前起床,就会感到精神抖擞,获得极高的工作效率。
- 你可以利用你的生命能量类型,弄清楚你完成某些特定任务的最佳时间。

一天中的时段	时间	处于主导地位的生命能量
上午	6:00—10:00	卡法
中午	10:00—14:00	皮塔
下午	14:00—18:00	瓦塔
晚上	18:00—22:00	卡法
半夜	22:00—2:00	皮塔
凌晨	2:00—6:00	瓦塔

独一无二的你：食物和身体

采用阿耶维达疗法的医生经常为病人制定以营养为基础的疗法，以此加强或者减弱某种特定的生命能量。例如，体重超标的人的卡法过多（因为卡法管理脂肪组织），他们可以通过在饮食中加入平衡卡法功能、刺激瓦塔和皮塔功能的食物（如姜和辣椒）来进行矫正，也可以通过减少本质上是卡法的食物（如乳制品和坚果）的摄入量来矫正卡法过多。

只要做一点点探索和研究，你就可以运用阿耶维达疗法的原理，更好地理解自己的个性，找出自己的长处，并努力减少心理上的挑战。如果你是卡法类型的人，就需要刺激，但要努力遵守日常规则。设计一种能够让你激动的方法，弄清楚什么能够驱动你、激励你，或者什么是让你感到厌烦的东西，这是你在一切生活领域内取得成功的关键。

巫师大脑的小·建议

» 阿耶维达疗法是以找到人类疾病病源为核心的保健方法。

» 阿耶维达疗法将生命能量分为3种类型:瓦塔、皮塔和卡法。

» 以一天24小时为周期,生命能量可以在你的大脑和身体上产生影响。

» 你的大脑和身体是独一无二的,平衡你的生命能量并了解它的特定触发物会让你的健康状态达到最佳。

» 了解你的生命能量将让你能够选择适合你的体育活动、认知任务、食物类型和每日常规,最大限度地利用在你身体内外占主导地位的生命能量,从而促使你获得成功。

第十八章

最后的思考：你做好引领清晨、享受白天的准备了吗？

冥想不是停止思考，而是要认识到，组成我们的不只是思想和感觉。

——阿里安娜·赫芬顿（Arianna Huffington）

在这段短暂的旅程中,我们已经走过了一段漫长的道路,其涵盖了许多信息、工具和练习,它们都可以用来帮助我们掌控清晨。你现在知道如何愉快地早起,并享受一天中的其他时间了吗?

每个人的成长道路上都有许多障碍,但我们也有跨越这些障碍的办法。尽管我们在整体上达到了进步与文明,但还没有超越蜥蜴大脑允许我们达到的那种原始兽性的复杂阶段。蜥蜴大脑想要感到安全,一直在警惕地提防危险、痛苦和不适。蜥蜴大脑最独特的挑战是它对痛苦或者不适的预感,以及对即将踏入未知领域的预感,即使现实中并没有真正的威胁存在(蜥蜴大脑发出的大多数警报都是这种情况)。蜥蜴大脑当然有其存在的重要地位。它的专长就是关注我们的安全与福祉,不断地评估我们周围包罗万象的环境和形势,管理潜意识下的新陈代谢过程。我们对此深表感谢。如果我们的祖先没有这样一个异常精通于自己功能的蜥蜴大脑,我们今天就不可能仍存在于这个世界。

但它也会非常快地失控。当个体只用蜥蜴大脑做出反应时,蜥蜴大脑可能会给那些让它们感到威胁的人带来危险和破坏。当整个人类系统(如政府、公司、媒体、宗教组织和各种机构)都通过根植于原始恐惧的蜥蜴大脑做出反应时,世界就会发生战争、环境破坏以及社会的极端分裂和冲突,这也只是可能出现的后果中的几种。

你已经了解了你的大脑中不同部分之间的相互作用,以及蜥蜴大脑是如何在暗中控制的。你知道它为什么要阻止你变得更好,阻止你成为更好的自我。你也知道它是怎样做到这一点的。

现在你知道了,只要通过呼吸来重新获得控制权,让自己冷静、沉着,你就可以跟你的巫师大脑连线。你现在处于更为有利的地位,可以更好地了解清晨所做的活动和决定是如何影响你一天中的其他时间,甚至你的整个生命的。

而且你也有了工具和练习方法,知道如何按照自己想要的方式过完一生——你需要做的是将它们付诸实践。每一个清晨都是让你成为一个全新的自己的机会,是让你重新定义自己、在生活中重新规划优先级、决定在什么地方集中精力的机会。

一旦你通过本书提到的工具让生活步入了正轨,就不再需要闹钟的停止按钮了。你会愉悦地醒来并跳下床来。不要再等待了,让自己明天早早起床,好好地享受清晨吧。祝你好运!

领袖们是怎样开始一天的

为了激励你前行,让我们关注一些极为成功的人士,看看他们是如何最大限度地发挥清晨常规,从而在世界上脱颖而出的吧。他们曾成功地培养了坚定的清晨常规。这是值得我们效仿的典范。

让我们来看看他们是如何起床,并把实现目标作为一天的首要任务的吧。

· 《赫芬顿邮报》(*Huffington Post*)的创始人阿里安娜·赫芬顿用30分钟的清晨冥想来为新的一天做准备。她为自己设计的日常工作是"让蜥蜴闭嘴,与巫师连线"。[1]

· 据报道,美国第44任总统贝拉克·奥巴马(Barack Obama)通过45分钟的有氧运动锻炼来开始一天的工作生活,而且人们也看到他在白宫里练习投篮。在送女儿们上学之前,他边喝绿茶边吃早餐。[2]

- 人们知道，身为美国国父的本杰明·富兰克林会在清晨问自己："我今天该干些什么好事呢？"除此之外，他还一丝不挂地享受清晨。[3, 4]
- 音乐天才路德维希·范·贝多芬（Ludwig van Beethoven）在黎明醒来后直接去作曲。他会用自己精选的60颗咖啡豆泡一杯浓咖啡。[5]
- 推特（Twitter）与Square的创始人之一杰克·多尔西（Jack Dorsey）每天5:30起床，用冥想开始他的一天，然后进行低强度的运动（如晨跑）。[6, 7]
- Kayak和Blade的联合创始人保罗·英格利希（Paul English）每天6:00起床，以冥想开始他的一天。"通常，我每天都会冥想几分钟，待自己平静之后再起床，"他说，"我每天大约6:00起床。在用黑莓手机查收完电子邮件之后，我开始锻炼身体。我练习瑜伽已经有10年了。我还在家里建了一间冥想室。"[8]
- 英国战时首相温斯顿·丘吉尔（Winston Churchill）在7:30醒来，清晨时分的大部分时间他都躺在床上。他在床上吃早饭并开始一天的工作，直到11:00才下床。[9]

在本书中，我们探讨了一些原理、想法和练习，你可以将上述的所有内容用于掌控清晨，让自己愉快地早些醒来。如果你养成了本书提到的好习惯，就可能会很快地超越那些拒绝改掉不良生活习惯的同龄人，迎来积极的变化。

注 释

前言 蜥蜴大脑和巫师大脑

1. Plantinga, Alvin. "Induction and other minds." *The Review of Metaphysics* (1966): 441–461.

2. Fara, Patricia. *Sex, Botany and Empire: The Story of Carl Linnaeus and Joseph Banks*. Icon Books, 2004.

3. Frackowiak, Richard S. J. *Human Brain Function*. Academic Press, 2004. https://books.google.com/books?id=AoWD2S8759kC&q=Toho#v=onepage&q=Toho&f=false.

4. Plantinga, "Induction and other minds," 441–461.

5. Kjaer, T.W., Bertelsen, C., Piccini, P., Brooks, D., Alving, J., and Lou, H.C., 2002. "Increased dopamine tone during meditation-induced change of consciousness." *Cognitive Brain Research*, 13(2), pp.255–259.

6. Seppälä, E.M., Nitschke, J.B., Tudorascu, D.L., Hayes, A., Goldstein, M.R., Nguyen, D.T., Perlman, D., and Davidson, R.J., 2014. "Breathing-based meditation decreases posttraumatic stress disorder symptoms in US military veterans: A randomized controlled longitudinal study." *Journal of Traumatic Stress*, 27(4), pp.397–405.

第一部分　生物钟

第一章　清晨时分的人体

1. Kelley, Paul, Steven W. Lockley, Jonathan Kelley, and Mariah DR Evans. "Is 8:30 am Still Too Early to Start School? A 10:00 am School Start Time Improves Health and Performance of Students Aged 13–16." *Frontiers in Human Neuroscience* 11 (2017): 588.

2. Kelley, Paul, Steven W. Lockley, Russell G. Foster, and Jonathan Kelley. "Synchronizing education to adolescent biology: 'let teens sleep, start school later.'" *Learning, Media and Technology* 40, no. 2 (2015): 210–226.

3. Feinberg, Irwin. "Recommended Sleep Durations for Children and Adolescents: The Dearth of Empirical Evidence." *Sleep* 36, no.4 (2013): 461–462.

4. Kitamura, Shingo. "Estimating Individual Optimal Sleep Duration and Potential Sleep Debt." *Scientific Reports* 6 (2016): 35812.

5. Evans, M. D. R., Paul Kelley, and Jonathan Kelley. "Identifying the best times for cognitive functioning using new methods: matching university times to undergraduate chronotypes." *Frontiers in Human Neuroscience* 11 (2017): 188.

6. Reinberg, Alain, and Israel Ashkenazi. "Concepts in Human Biological Rhythms." *Dialogues in Clinical Neuroscience* 5, no. 4 (2003): 327–342.

7. Czeisler, CA, Gooley, JJ. "Sleep and circadian rhythms in humans." *Cold Spring Harbor Symposia on Quantitative Biology* 72, (2007): 579–597.

8. Huang, Wenyu et al. "Circadian Rhythms, Sleep, and Metabolism." *The Journal of Clinical Investigation* 121, no.6 (2011): 2133–2141.

9. Kinsey, Amber W., and Michael J. Ormsbee. "The Health Impact of Nighttime Eating: Old and New Perspectives." *Nutrients* 7, no.4 (2015): 2648–2662.

10. Reid, Kathryn J., Kelly G. Baron, and Phyllis C. Zee. "Meal Timing Influences Daily Caloric Intake in Healthy Adults." *Nutrition Research* (New York, N.Y.) 34, no.11 (2014): 930–935.

11. Mattson, Mark P. "Meal Frequency and Timing in Health and Disease." *Proceedings of the National Academy of Sciences of the United States of America* 111, no.47 (2014): 16647–16653.

12. Raynor, Hollie A. "Eating Frequency, Food Intake, and Weight: A Systematic Review of Human and Animal Experimental Studies." *Frontiers in Nutrition* 2 (2015): 38.

13. Warburton, Darren E.R., Crystal Whitney Nicol, and Shannon S.D. Bredin. "Health Benefits of Physical Activity: The Evidence." CMAJ : *Canadian Medical Association Journal* 174, no.6 (2006): 801–809.

14. Kokkinos, Peter. "Physical Activity, Health Benefits, and Mortality Risk." *ISRN Cardiology* (2012): 718789.

15. Katzmarzyk, Peter T. "Physical Activity, Sedentary Behavior, and Health: Paradigm Paralysis or Paradigm Shift?" *Diabetes* 59, no.11 (2010): 2717–2725.

16. Burke, TM, Markwald, RR, McHill, AW, Chinoy, ED, Snider, JA, Bessman, SC, Jung, CM, O'Neill, JS, and Wright, KP Jr. "Effects of caffeine on the human circadian clock in vivo and in vitro." *Science Translational Medicine* 7, no.305 (2015): 305ra146.

17. Berger, Maximus, et al. "Cortisol Awakening Response and Acute Stress Reactivity in First Nations People." *Scientific Reports* 7 (2017): 41760.

18. Bäumler, D., Voigt, B., Miller, R., Stalder, T., Kirschbaum, C., andKliegel, M. "The relation of the cortisol awakening response and prospective memory functioning in young children." *Biological Psychology* 99, (2014): 41–46.

第二章　你鼻子里的生物钟

1. Herz, Rachel S., Eliza Van Reen, David H. Barker, Cassie J. Hilditch, Ashten L. Bartz, and Mary A. Carskadon. "The Influence of Circadian Timing on Olfactory Sensitivity." *Chemical Senses* 43, no. 1 (2017): 45–51.

2. Noel, Corinna, and Robin Dando. "The effect of emotional state on taste perception." *Appetite* 95 (2015): 89–95.

3. Johnson, Andrew J. "Cognitive facilitation following intentional odor exposure." *Sensors* 11, no. 5 (2011): 5469–5488.

4. Badia, Pietro, Nancy Wesensten, William Lammers, Joel

Culpepper, and John Harsh. "Responsiveness to olfactory stimuli presented in sleep." *Physiology & Behavior* 48, no. 1 (1990): 87–90.

5. Doty, Richard L., and E. Leslie Cameron. "Sex differences and reproductive hormone influences on human odor perception." *Physiology & Behavior* 97, no. 2 (2009): 213–228.

6. Slim & Sassy Metabolic Blend. https://www.doterra.com/us/en/p/slim-and-sassy-oil. Accessed February 20, 2018.

7. "NYC Grocery Store Pipes in Artificial Food Smells." http://business.time.com/2011/07/20/nyc-grocery-store-pipes-in-artificial-food-smells/. Accessed February 20, 2018.

8. Johnson, "Cognitive facilitation," 5469–5488.

9. Arshamian, Artin, Emilia Iannilli, Johannes C. Gerber, Johan Willander, Jonas Persson, Han-Seok Seo, Thomas Hummel, and Maria Larsson. "The functional neuroanatomy of odor evoked autobiographical memories cued by odors and words." *Neuropsychologia* 51, no. 1 (2013): 123–131.

10. Vermetten, Eric, and J. Douglas Bremner. "Olfaction as a traumatic reminder in posttraumatic stress disorder: Case reports and

review." *The Journal of Clinical Psychiatry* (2003).

11. Demain, Arnold L., and Preeti Vaishnav. "Natural products for cancer chemotherapy." *Microbial Biotechnology* 4, no. 6 (2011): 687–699.

12. Increasing popularity of aromatherapy products to propel growth in the global essential oils market by 2020. https://www.technavio.com/pressrelease/increasing-popularity-aromatherapy-products-propel-growth-global-essential-oils-market. Accessed February 3, 2018.

13. "FDA goes on the attack against essential oils." https://www.sott.net/article/299224-FDA-goes-on-the-attack-against-essential-oils. Accessed February 3, 2018.

14. Koulivand, P. H., Khaleghi Ghadiri, M., & Gorji, A. (2013). "Lavender and the Nervous System." *Evidence-Based Complementary and Alternative Medicine*: eCAM, 2013, 681304. http://doi.org/10.1155/2013/681304.

15. Aromatherapy. https://www.umm.edu/health/medical/altmed/treatment/aromatherapy. Accessed February 3, 2018.

16. Cheaha, Dania, Acharaporn Issuriya, Rodiya Manor, Jackapun

Kwangjai, Thitima Rujiralai, and Ekkasit Kumarnsit. "Modification of sleep-waking and electroencephalogram induced by vetiver essential oil inhalation." *Journal of Intercultural Ethnopharmacology* 5, no. 1 (2016): 72.

17. Balasankar, D., K. Vanilarasu, P. Selva Preetha, S. Rajeswari M. Umadevi, and Debjit Bhowmik. "Journal of Medicinal Plants Studies." *Journal of Medicinal Plants* 1, No. 3 (2013).

18. Saiyudthong, Somrudee, Sirinun Pongmayteegul, Charles A. Marsden, and Pansiri Phansuwan-Pujito. "Anxiety-like behaviour and c-fos expression in rats that inhaled vetiver essential oil." *Natural Product Research* 29, No. 22 (2015): 2141–2144.

19. Koulivand, Khaleghi Ghadiri, and Gorji, "Lavender and the nervous system."

20. Sleep and Sleep Disorder Statistics. American Sleep Association. https://www.sleepassociation.org/sleep/sleep-statistics/. Accessed February 3, 2018.

21. Insomnia Awareness Day facts and stats. American Association of Sleep Medicine. http://www.sleepeducation.org/news/2014/03/10 / insomnia-awareness-day-facts-and-stats, Accessed February 20, 2018.

22. Kim, W., and Myung-Haeng Hur. "Inhalation effects of aroma essential oil on quality of sleep for shift nurses after night work." *Journal of Korean Academy of Nursing* 46, No. 6 (2016): 769–779.

23. Cho, Mi-Yeon, Eun Sil Min, Myung-Haeng Hur, and Myeong Soo Lee. "Effects of aromatherapy on the anxiety, vital signs, and sleep quality of percutaneous coronary intervention patients in intensive care units." *Evidence-Based Complementary and Alternative Medicine* (2013).

24. Koulivand, Khaleghi Ghadiri, and Gorji, "Lavender and the nervous system."

25. Srivastava, Janmejai K., Eswar Shankar, and Sanjay Gupta. "Chamomile: a herbal medicine of the past with a bright future." *Molecular Medicine Reports* 3, No. 6 (2010): 895–901.

26. Bent, Stephen, Amy Padula, Dan Moore, Michael Patterson, and Wolf Mehling. "Valerian for sleep: a systematic review and meta-analysis." *The American Journal of Medicine* 119, No. 12 (2006): 1005–1012.

27. Fernández-San-Martín, Ma Isabel, Roser Masa-Font, Laura Palacios-Soler, Pilar Sancho-Gómez, Cristina Calbó-Caldentey, and Gemma Flores-Mateo. "Effectiveness of valerian on insomnia: a meta-

analysis of randomized placebo-controlled trials." *Sleep Medicine* 11, No. 6 (2010): 505–511.

28. Kamalifard, Mahin, Azizeh Farshbaf-Khalili, Mahsa Namadian, Yunes Ranjbar, and Sepideh Herizchi. "Comparison of the effect of lavender and bitter orange on sleep quality in postmenopausal women: a triple-blind, randomized, controlled clinical trial." *Women & Health* (2017): 1–15.

29. Muz, Gamze, and Sultan Taşcı. "Effect of aromatherapy via inhalation on the sleep quality and fatigue level in people undergoing hemodialysis." *Applied Nursing Research* 37 (2017): 28–35.

30. Ilmberger, Josef, Eva Heuberger, Claudia Mahrhofer, Heidrun Dessovic, Dietlinde Kowarik, and Gerhard Buchbauer. "The influence of essential oils on human attention. I: alertness." *Chemical Senses* 26, No. 3 (2001): 239–245.

31. Komori, Teruhisa, Ryoichi Fujiwara, Masahiro Tanida, Junichi Nomura, and Mitchel M. Yokoyama. "Effects of citrus fragrance on immune function and depressive states." *Neuroimmunomodulation* 2, No. 3 (1995): 174–180.

32. Serafino, Annalucia, Paola Sinibaldi Vallebona, Federica

Andreola, Manuela Zonfrillo, Luana Mercuri, Memmo Federici, Guido Rasi, Enrico Garaci, and Pasquale Pierimarchi. "Stimulatory effect of eucalyptus essential oil on innate cell-mediated immune response." *BMC Immunology* 9, No. 1 (2008): 17.

33. Burrow, A., R. Eccles, and A. S. Jones. "The effects of camphor, eucalyptus and menthol vapour on nasal resistance to airflow and nasal sensation." *Acta Oto-Laryngologica* 96, No. 1–2 (1983): 157–161.

34. Norrish, Mark Ian Keith, and Katie Louise Dwyer. "Preliminary investigation of the effect of peppermint oil on an objective measure of daytime sleepiness." *International Journal of Psychophysiology* 55, No. 3 (2005): 291–298.

35. Oh, Ji Young, Min Ah Park, and Young Chul Kim. "Peppermint oil promotes hair growth without toxic signs." *Toxicological Research* 30, No. 4 (2014): 297.

36. Johnson, "Cognitive facilitation," 5469–5488.

37. Habtemariam, Solomon. "The therapeutic potential of rosemary (Rosmarinus officinalis) diterpenes for Alzheimer's disease." *Evidence-Based Complementary and Alternative Medicine* (2016).

38. Sayorwan, Winai, Nijsiri Ruangrungsi, Teerut Piriyapunyporn, Tapanee Hongratanaworakit, Naiphinich Kotchabhakdi, and Vorasith Siripornpanich. "Effects of inhaled rosemary oil on subjective feelings and activities of the nervous system." *Scientia Pharmaceutica* 81, No. 2 (2012): 531–542.

第三章 应激激素和性激素

1. Zorawski, Michael. "Effects of Stress and Sex on Acquisition and Consolidation of Human Fear Conditioning." *Learning & Memory* 13, No.4 (2006): 441–450.

2. Buchanan, Tony W., and Daniel Tranel. "Stress and Emotional Memory Retrieval: Effects of Sex and Cortisol Response." *Neurobiology of Learning and Memory* 89, No.2 (2008): 134–141.

3. Hamilton, Lisa Dawn, Alessandra H. Rellini, and Cindy M. Meston. "Cortisol, Sexual Arousal, and Affect in Response to Sexual Stimuli." *The Journal of Sexual Medicine* 5, No.9 (2008): 2111–2118.

4. Joseph, Vincent, Mary Behan, and Richard Kinkead. "Sex, Hormones, and Stress: How They Impact Development and Function of the Carotid Bodies and Related Reflexes." *Respiratory Physiology &*

Neurobiology 185, No.1 (2013): 75–86.

5. Marrocco, Jordan, and Bruce S. McEwen. "Sex in the Brain: Hormones and Sex Differences." *Dialogues in Clinical Neuroscience* 18, No.4 (2016): 373–383.

6. Whirledge, Shannon, and John A. Cidlowski. "Glucocorticoids, Stress, and Fertility." *Minerva Endocrinologica* 35, No.2 (2010): 109–125.

7. Ter Horst, J. P. "Relevance of Stress and Female Sex Hormones for Emotion and Cognition." *Cellular and Molecular Neurobiology* 32, No.5 (2012): 725–735.

8. Sinclair, Duncan. "Impacts of Stress and Sex Hormones on Dopamine Neurotransmission in the Adolescent Brain." *Psychopharmacology* 231, No.8 (2014): 1581–1599.

9. Kirschbaum, Cl, Wüst, S., and Hellhammer, D. "Consistent sex differences in cortisol responses to psychological stress." *Psychosomatic Medicine* 54, No. 6 (1992): 648–657.

10. Reschke-Hernández, Alaine E. "Sex and Stress: Men and Women Show Different Cortisol Responses to Psychological Stress

Induced by the Trier Social Stress Test and the Iowa Singing Social Stress Test." *Journal of Neuroscience Research* 95, No.1–2 (2017): 106–114.

11. Ranabir, Salam, and K. Reetu. "Stress and Hormones." *Indian Journal of Endocrinology and Metabolism* 15, No.1 (2011): 18–22.

12. Kinner, Valerie L., Serkan Het, and Oliver T. Wolf. "Emotion Regulation: Exploring the Impact of Stress and Sex." *Frontiers in Behavioral Neuroscience* 8 (2014): 397.

第四章　身体在早晨要高一些

1. Saltin, B., G. Rådegran, M. D. Koskolou, and R. C. Roach. "Skeletal muscle blood flow in humans and its regulation during exercise." *Acta Physiologica* 162, No. 3 (1998): 421–436.

2. Bezemer, Rick, John M. Karemaker, Eva Klijn, Daniel Martin, Kay Mitchell, Mike Grocott, Michal Heger, and Can Ince. "Simultaneous multi-depth assessment of tissue oxygen saturation in thenar and forearm using near-infrared spectroscopy during a simple cardiovascular challenge." *Critical Care* 13, No. 5 (2009): S5.

3. Saltin et al., "Skeletal muscle blood flow," 421–436.

4. Yardley, Lucy, Mark Gardner, A. Bronstein, R. Davies, D. Buckwell, and Linda Luxon. "Interference between postural control and mental task performance in patients with vestibular disorder and healthy controls." *Journal of Neurology, Neurosurgery & Psychiatry* 71, No. 1 (2001): 48–52.

5. Hogan, Neville. "The mechanics of multi-joint posture and movement control." *Biological Cybernetics* 52, No. 5 (1985): 315–331.

6. Grandjean, Etienne, and W. Hünting. "Ergonomics of posture—review of various problems of standing and sitting posture." *Applied Ergonomics* 8, No. 3 (1977): 135–140.

7. Genaidy, Ashraf M., and Waldemar Karwowski. "The effects of neutral posture deviations on perceived joint discomfort ratings in sitting and standing postures." *Ergonomics* 36, No. 7 (1993): 785–792.

8. Blascovich, Jim, and Joseph Tomaka. "Measures of self-esteem." Measures of *Personality and Social Psychological Attitudes* 1 (1991): 115–160.

9. Briñol, Pablo, Richard E. Petty, and Benjamin Wagner. "Body

posture effects on self-evaluation: A self-validation approach." *European Journal of Social Psychology* 39, No. 6 (2009): 1053–1064.

10. Culbertson, James W., Robert W. Wilkins, Franz J. Ingelfinger, and Stanley E. Bradley. "The effect of the upright posture upon hepatic blood flow in normotensive and hypertensive subjects." *The Journal of Clinical Investigation* 30, No. 3 (1951): 305–311.

11. Persson, Liselott, and Ulrich Moritz. "Neck support pillows: a comparative study." *Journal of Manipulative and Physiological Therapeutics* 21, No. 4 (1998): 40–237.

12. Stucki, M. and Offenbächer, G. "Physical therapy in the treatment of fibromyalgia." *Scandinavian Journal of Rheumatology* 29, No. 113 (2000): 78–85.

13. Thompson, Willard Owen, Phebe K. Thompson, and Mary Elizabeth Dailey. "The effect of posture upon the composition and volume of the blood in man." *The Journal of Clinical Investigation* 5, No. 4 (1928): 573–604.

14. Persson, Liselott. "Neck pain and pillows–A blinded study of the effect of pillows on non-specific neck pain, headache and sleep." *Advances in Physiotherapy* 8, No. 3 (2006): 122–127.

15. Jensen, Eric. "Moving with the brain in mind." *Educational Leadership* 58, No. 3 (2000): 34–38.

16. Ehrenfried, Tanja, Michel Guerraz, Kai V. Thilo, Lucy Yardley, and Michael A. Gresty. "Posture and mental task performance when viewing a moving visual field." *Cognitive Brain Research* 17, No.1 (2003): 140–153.

17. Amen, Daniel G. *Making a Good Brain Great: The Amen Clinic Program for Achieving and Sustaining Optimal Mental Performance.* Harmony Books, 2006.

18. Garfinkel, Marian S., Atul Singhal, Warren A. Katz, David A. Allan, Rosemary Reshetar, and H. Ralph Schumacher Jr. "Yogabased intervention for carpal tunnel syndrome: a randomized trial." *Jama* 280, No. 18 (1998): 1601–1603.

19. Wahbeh, Helané, Siegward-M. Elsas, and Barry S. Oken. "Mind-body interventions applications in neurology." *Neurology* 70, No. 24 (2008): 2321–2328.

20. Gallagher, Shaun. *How the Body Shapes the Mind.* Clarendon Press, 2006.

21. Franzoi, Stephen L., and Mary E. Herzog. "The Body Esteem Scale: A convergent and discriminant validity study." *Journal of Personality Assessment* 50, No. 1 (1986): 24–31.

22. Cotman, Carl W., and Christie Engesser-Cesar. "Exercise enhances and protects brain function." *Exercise and Sport Sciences Reviews* 30, No. 2 (2002): 75–79.

第五章　你的大脑在早晨要大些

1. Nakamura, Kunio, Robert A. Brown, Sridar Narayanan, D. Louis Collins, Douglas L. Arnold, and Alzheimer's Disease Neuroimaging Initiative. "Diurnal fluctuations in brain volume: statistical analyses of MRI from large populations." *Neuroimage* 118 (2015): 126–132.

2. Sawka, Michael N., Samuel N. Cheuvront, and Robert Carter III. "Human water needs." *Nutrition Reviews* 63, No. s1 (2005).

3. Mitchell, H. H., T. S. Hamilton, F. R. Steggerda, and H. W. Bean. "The chemical composition of the adult human body and its bearing on the biochemistry of growth." *Journal of Biological Chemistry* 158, No. 3 (1945): 625–637.

4. Riebl, Shaun K, and Brenda M. Davy. "The Hydration Equation: Update on Water Balance and Cognitive Performance." *ACSM's Health & Fitness Journal* 17, No.6 (2013): 21–28.

5. Popkin, Barry M., Kristen E. D'Anci, and Irwin H. Rosenberg. "Water, Hydration and Health." *Nutrition Reviews* 68, No.8 (2010): 439–458.

6. An, R., and J. McCaffrey. "Plain water consumption in relation to energy intake and diet quality among US adults, 2005–2012." *Journal of Human Nutrition and Dietetics* 29, No. 5 (2016): 624–632.

7. Armstrong, Lawrence E., Amy C. Pumerantz, Kelly A. Fiala, Melissa W. Roti, Stavros A. Kavouras, Douglas J. Casa, and Carl M. Maresh. "Human hydration indices: acute and longitudinal reference values." *International Journal of Sport Nutrition and Exercise Metabolism* 20, No. 2 (2010): 145–153.

8. Sinha, Rajita. "Chronic Stress, Drug Use, and Vulnerability to Addiction." *Annals of the New York Academy of Sciences* 1141 (2008): 105–130.

9. Stults-Kolehmainen, Matthew A., and Rajita Sinha. "The Effects of Stress on Physical Activity and Exercise." *Sports Medicine* 44, No.1

(2014): 81–121.

第六章 你的心脏和你的健康

1. Kaplan, Norman M. "Morning surge in blood pressure." *Circulation* 107 (2003): 1347–1347.

2. Kario, Kazuomi, Thomas G. Pickering, Satoshi Hoshide, Kazuo Eguchi, Joji Ishikawa, Masato Morinari, Yoko Hoshide, and Kazuyuki Shimada. "Morning blood pressure surge and hypertensive cerebrovascular disease: role of the alpha adrenergic sympathetic nervous system." *American Journal of Hypertension* 17, No. 8 (2004): 668–675.

3. Azimzadeh, Omid, Tamara Azizova, Juliane Merl-Pham, Vikram Subramanian, Mayur V. Bakshi, Maria Moseeva, Olga Zubkova et al. "A dose-dependent perturbation in cardiac energy metabolism is linked to radiation-induced ischemic heart disease in Mayak nuclear workers." *Oncotarget* 8, No. 6 (2017): 9067.

4. Singh, R. B., C. Kartik, K. Otsuka, D. Pella, and J. Pella. "Brainheart connection and the risk of heart attack." *Biomedicine & Pharmacotherapy* 56 (2002): 257–265.

5. Spielberg, Christoph, Dirk Falkenhahn, Stefan N. Willich, Karl Wegscheider, and Heinz Völler. "Circadian, day-of-week, and seasonal variability in myocardial infarction: comparison between working and retired patients." *American Heart Journal* 132, No. 3 (1996): 579–585.

6. Azevêdo, Luan M., Alice C. de Souza, Laiza Ellen S. Santos, Rodrigo Miguel dos Santos, Manuella OM de Fernandes, Jeeser A. Almeida, and Emerson Pardono. "Fractionated Concurrent Exercise throughout the Day Does Not Promote Acute Blood Pressure Benefits in Hypertensive Middle-aged Women." *Frontiers in Cardiovascular Medicine* 4 (2017): 6.

7. Holst, Anders Gaarsdal, Bo Gregers Winkel, Juliane Theilade, Ingrid Bayer Kristensen, Jørgen Lange Thomsen, Gyda Lolk Ottesen, Jesper Hastrup Svendsen, Stig Haunsø, Eva Prescott, and Jacob Tfelt-Hansen. "Incidence and etiology of sports-related sudden cardiac death in Denmark—implications for pre-participation screening." *Heart Rhythm* 7, No. 10 (2010): 1365–1371.

8. Harmon, Kimberly G., Jonathan A. Drezner, Mathew G. Wilson, and Sanjay Sharma. "Incidence of sudden cardiac death in athletes: a state-of-the-art review." *British Journal of Sports Medicine* (2014): bjsports-2014.

9. Hayashi, Meiso, Wataru Shimizu, and Christine M. Albert. "The spectrum of epidemiology underlying sudden cardiac death." *Circulation Research* 116, No. 12 (2015): 1887–1906.

10. Allen, Ruth. "The health benefits of nose breathing." *Nursing in General Practice* (2017).

11. Edwards, Meghan K., and Paul D. Loprinzi. "Comparative effects of meditation and exercise on physical and psychosocial health outcomes: a review of randomized controlled trials." *Postgraduate Medicine* (2017): 1–7.

12. Hepburn, Stevie-Jae, and Mary McMahon. "Pranayama meditation (yoga breathing) for stress relief: Is it beneficial for teachers?" *Australian Journal of Teacher Education* (*Online*) 42, No. 9 (2017): 142.

13. Restrepo, Brandon J., and Matthias Rieger. "Denmark's policy on artificial trans fat and cardiovascular disease." *American Journal of Preventive Medicine* 50, No. 1 (2016): 69–76.

14. Restrepo, Brandon J., and Matthias Rieger. "Trans fat and cardiovascular disease mortality: evidence from bans in restaurants in New York." *Journal of Health Economics* 45 (2016): 176–196.

15. Micha, Renata, Jose L. Peñalvo, Frederick Cudhea, Fumiaki Imamura, Colin D. Rehm, and Dariush Mozaffarian. "Association between dietary factors and mortality from heart disease, stroke, and type 2 diabetes in the United States." *Jama* 317, No. 9 (2017): 912–924.

第七章 体温的重要性

1. Lack, LC1, Gradisar, M., Van Someren, EJ, Wright, HR, and Lushington, K. "The relationship between insomnia and body temperatures." *Sleep Medicine Reviews* 12, No. 4 (2008): 307–317.

2. Baker, FC, Waner, JI, Vieira, EF, Taylor, SR, Driver, HS, and Mitchell, D. "Sleep and 24 hour body temperatures: a comparison in young men, naturally cycling women and women taking hormonal contraceptives." *The Journal of Physiology* 530, (Pt 3) (2001): 565–574.

3. Murphy, PJ, and Campbell, SS. "Nighttime drop in body temperature: a physiological trigger for sleep onset?" *Sleep* 20 (7):505–511.

4. Okamoto-Mizuno, Kazue, and Koh Mizuno. "Effects of Thermal Environment on Sleep and Circadian Rhythm." *Journal of Physiological Anthropology* 31, No.1 (2012): 14.

5. Oka, Takakazu. "Psychogenic Fever: How Psychological Stress Affects Body Temperature in the Clinical Population." *Temperature: Multidisciplinary Biomedical Journal* 2, No.3 (2015): 368–378.

6. Herborn, Katherine A. et al. "Skin Temperature Reveals the Intensity of Acute Stress." *Physiology & Behavior* 152, Pt A (2015): 225–230.

7. Marazziti, D., Di Muro, A., and Castrogiovanni, P. "Psychological stress and body temperature changes in humans." *Physiology and Behaviour* 52, No. 2 (1992): 393–395.

8. Vinkers, CH1, Penning, R., Hellhammer, J., Verster, JC, Klaessens, JH, Olivier, B., and Kalkman, CJ. "The effect of stress on core and peripheral body temperature in humans." *Stress* 16, No. 5 (2013): 520–530.

9. Fortney, SM, and Vroman, NB. "Exercise, performance and temperature control: temperature regulation during exercise and implications for sports performance and training." *Sports Medicine* 2 (Auckland, N.Z.), No. 1 (1985): 8–20.

10. Wakabayashi, Hitoshi et al. "A Comparison of Hydration Effect on Body Fluid and Temperature Regulation between Malaysian

and Japanese Males Exercising at Mild Dehydration in Humid Heat." *Journal of Physiological Anthropology* 33, No.1 (2014): 5.

11. Swaka, MN, Latzka, WA, Matott, RP, and Montain, SJ. "Hydration effects on temperature regulation." *International Journal of Sports Medicine* 19, (1998): S108–10.

12. Bosland, Paul W. "Hot Stuff—Do People Living in Hot Climates Like Their Food Spicy Hot or Not?" *Temperature: Multidisciplinary Biomedical Journal* 3, No.1 (2016): 41–42.

第二部分 清晨的思维和身体

第八章 养成并保持自律

1. Pearman, A., and Storandt, M. "Self-discipline and self-consciousness predict subjective memory in older adults." *The Journals of Gerontology. Series B, Psychological Sciences and Social Sciences* 60, No. 3 (2005): 153–157.

2. Cheng, Y Y, Shein, PP, and Chiou, WB. "Escaping the impulse to immediate gratification: the prospect concept promotes a future-oriented mindset, prompting an inclination towards delayed gratification." *British Journal of Psychology* 103, No. 1 (2012): 129–41.

3. Gianessi, Carol A. "From Habits to Self-Regulation: How Do We Change?" *The Yale Journal of Biology and Medicine* 85, No.2 (2012): 293–299.

4. Duckworth, AL, and Seligman, ME. "Self-discipline outdoes IQ in predicting academic performance of adolescents." *Psychological Science* 16, No. 12 (2005): 939–44.

5. "Effective Discipline: A Healthy Approach." *Paediatrics & Child Health* 9, No.1 (2004): 43–44.

6. Galla, Brian M., and Angela L. Duckworth. "More than Resisting Temptation: Beneficial Habits Mediate the Relationship between Self-Control and Positive Life Outcomes." *Journal of Personality and Social Psychology* 109.3 (2015): 508–525.

7. Steimke, Rosa et al. "Decomposing Self-Control: Individual Differences in Goal Pursuit Despite Interfering Aversion, Temptation, and Distraction." *Frontiers in Psychology* 7 (2016): 382.

8. Morgan, Philip J. et al. "Associations between Program Outcomes and Adherence to Social Cognitive Theory Tasks: Process Evaluation of the SHED-IT Community Weight Loss Trial for Men." *The International Journal of Behavioral Nutrition and Physical Activity* 11, (2014): 89.

9. Attia, Najya A. et al. "The Potential Effect of Technology and Distractions on Undergraduate Students' Concentration." *Pakistan Journal of Medical Sciences* 33.4 (2017): 860–865.

10. Galla and Duckworth, "More than Resisting Temptation," 508–525.

11. Morgan et al., "Associations between Program Outcomes," 89.

第九章　养成为自己充能的习惯

1. Gardner, Benjamin, Phillippa Lally, and Jane Wardle. "Making Health Habitual: The Psychology of 'Habit-Formation' and General Practice." *The British Journal of General Practice* 62.605 (2012): 664–666.

2. Gardner, Benjamin et al. "Putting Habit into Practice, and Practice into Habit: A Process Evaluation and Exploration of the Acceptability of a Habit-Based Dietary Behaviour Change Intervention." *The International Journal of Behavioral Nutrition and Physical Activity* 11 (2014): 135.

3. Young, Scott. "Healthy Behavior Change in Practical Settings." *The Permanente Journal* 18.4 (2014): 89–92.

4. Flynn, Mary A. T. "Empowering People to Be Healthier: Public Health Nutrition through the Ottawa Charter." *The Proceedings of the Nutrition Society* 74.3 (2015): 303–312.

5. Kumar, Sanjiv, and GS Preetha. "Health Promotion: An Effective

Tool for Global Health." *Indian Journal of Community Medicine : Official Publication of Indian Association of Preventive & Social Medicine* 37.1 (2012): 5–12.

6. Falk, Emily B. "Self-Affirmation Alters the Brain's Response to Health Messages and Subsequent Behavior Change." *Proceedings of the National Academy of Sciences of the United States of America* 112.7 (2015): 1977–1982.

7. Epton, T., Harris, PR, Kane, R., van Koningsbruggen, GM, and Sheeran, P. "The impact of self-affirmation on health-behavior change: a meta-analysis." *Health Psychology* 24, No. 3 (2015): 187–196.

8. Lindsay, Emily K., and J. David Creswell. "Helping the Self Help Others: Self-Affirmation Increases Self-Compassion and pro-Social Behaviors." *Frontiers in Psychology* 5 (2014): 421.

9. Düring, C., and Jessop, DC. "The moderating impact of self-esteem on self-affirmation effects." *British Journal of Psychology* 20, No.2 (2015): 274–289.

10. Lindsay and Creswell, "Helping the Self Help Others," 421.

11. Creswell, J. David. "Self-Affirmation Improves Problem-

Solving under Stress." Ed. José César *Perales*. *PLoS ONE* 8, No.5 (2013): e62593.

第十章　写作的创造性

1. Clayden, Jonathan D. "Imaging Connectivity: MRI and the Structural Networks of the Brain." *Functional Neurology* 28, No. 3 (2013): 197–203.

2. Ogden, Jenni A. "Neurorehabilitation in the third millenium: New roles for our environment, behaviors, and mind in brain damage and recovery." *Brain and Cognition* 42, No. 1 (2000): 110–112.

3. Shi, Baoguo. "Different Brain Structures Associated with Artistic and Scientific Creativity: A Voxel-Based Morphometry Study." *Scientific Reports* 7 (2017): 42911.

4. Gersons, Berthold P. R., and Ulrich Schnyder. "Learning from Traumatic Experiences with Brief Eclectic Psychotherapy for PTSD." *European Journal of Psychotraumatology* 4 (2013).

5. Sloan, Denise M. et al. "Efficacy of Narrative Writing as an Intervention for PTSD: Does the Evidence Support Its Use?" *Journal of*

Contemporary Psychotherapy 45, No.4 (2015): 215–225.

6. Baikie, Karen A., and Kay Wilhelm. "Emotional and physical health benefits of expressive writing." *Advances in Psychiatric Treatment* 11, No. 5 (2005): 338–346.

7. Jung, Rex E. "The Structure of Creative Cognition in the Human Brain." *Frontiers in Human Neuroscience* 7 (2013): 330.

8. Zaidel, Dahlia W. "Creativity, Brain, and Art: Biological and Neurological Considerations." *Frontiers in Human Neuroscience* 8 (2014): 389.

9. Ritter, Simone M., Madelijn Strick, Maarten W. Bos, Rick B. Van Baaren, and A. P. Dijksterhuis. "Good morning creativity: task reactivation during sleep enhances beneficial effect of sleep on creative performance." *Journal of Sleep Research* 21, No. 6 (2012): 643–647.

10. Fransen, Marieke L., Edith G. Smit, and Peeter W. J. Verlegh. "Strategies and Motives for Resistance to Persuasion: An Integrative Framework." *Frontiers in Psychology* 6 (2015): 1201.

11. Sun, J., Chen, Q., Zhang, Q., Li, Y., Li, H., Wei, D., Yang, W., and Qiu, J. "Training your brain to be more creative: brain functional and

structural changes induced by divergent thinking training." *Human Brain Mapping* 37, No. 10 (2016): 3375–3387.

12. Heilman, Kenneth M. *Creativity and the Brain*. Vol. 1. New York: Psychology Press, 2005.

第十一章　利用清晨的时间

1. Ross, A., and Thomas, S. "The health benefits of yoga and exercise: a review of comparison studies." *Journal of Alternative and Complementary Medicine* 16, No.1 (2010):3-12.

2. Rabinovitz, HR, Boaz, M., Ganz, T., Jakubowicz, D., Matas, Z., Madar, Z., and Wainstein, J. "Big breakfast rich in protein and fat improves glycemic control in type 2 diabetics." *Obesity* (*Silver Spring*) 22, No. 5 (2014): E46–54.

3. Betts, JA, Chowdhury, EA, Gonzalez, JT, Richardson, JD, Tsintzas, K., and Thompson, D. "Is breakfast the most important meal of the Day?" *The Proceedings of the Nutrition Society* 75, No.4 (2016): 464–474.

4. Zilberter, Tanya, and Eugene Yuri Zilberter. "Breakfast: To Skip or Not to Skip?" *Frontiers in Public Health* 2 (2014): 59.

5. Veasey, Rachel C. "The Effect of Breakfast Prior to Morning Exercise on Cognitive Performance, Mood and Appetite Later in the Day in Habitually Active Women." *Nutrients* 7, No.7 (2015): 5712–5732.

6. Taneja, Davendra Kumar. "Yoga and Health." *Indian Journal of Community Medicine : Official Publication of Indian Association of Preventive & Social Medicine* 39, No.2 (2014): 68–72.

7. Sharma, Hari. "Meditation: Process and Effects." *Ayu* 36, No.3 (2015): 233–237.

8. Canter, Peter H. "The Therapeutic Effects of Meditation: The Conditions Treated Are Stress Related, and the Evidence Is Weak." *British Medical Journal* 326, No.7398 (2003): 1049–1050.

9. Stuckey, Heather L., and Jeremy Nobel. "The Connection Between Art, Healing, and Public Health: A Review of Current Literature." *American Journal of Public Health* 100, No.2 (2010): 254–263.

第十二章 采取对清晨有利的姿势

1. Cuddy, Amy. https://www.ted.com/talks/amy_cuddy_your_body_language_shapes_who_you_are/transcript. Accessed February 8, 2018.

2. Cuddy, Amy, Jack Schultz, and Nathan Fosse. "P-curving a More Comprehensive Body of Research on Postural Feedback Reveals Clear Evidential Value for, 'Power Posing', Effects: Reply to Simmons and Simonsohn" (2017).

3. Carlson, Lydia, Cori Bohnenblust, and Jacklyn Johnson. "Mindfulness and Power Posing Interventions to Decrease Emotional Distress" (2017).

4. Peper, Erik, I-Mei Lin, and Richard Harvey. "Posture and Mood: Implications and Applications to Therapy." *Biofeedback* 45, No. 2 (2017): 42–48.

5. Drew, Amy. "How Our Bodies Do—and Don't—Shape Our Minds." *APS Observer* 30, No. 6 (2017).

6. Mason, Lauren, Monica Joy, Erik Peper, Richard Harvey, and Annette Booiman. "Posture matters." In poster presented at the 48th Annual Meeting of the Association for Applied Psychophysiology and

Biofeedback, Chicago, IL, 2017.

7. Garrett, Zachary K., James Pearson, and Andrew W. Subudhi. "Postural effects on cerebral blood flow and autoregulation." *Physiological Reports* 5, No. 4 (2017): e13150.

8. Matthews, Charles E. "Amount of Time Spent in Sedentary Behaviors in the United States, 2003–2004." *American Journal of Epidemiology* 167, No.7 (2008): 875–881.

9. Ibid.

10. Yang, Wenqi et al. "The Impact of Power on Humanity: Self-Dehumanization in Powerlessness." Ed. Ulrich von Hecker. *PLoS ONE* 10, No.5 (2015): e0125721.

11. Rennung, Miriam, Johannes Blum, and Anja S. Göritz. "To Strike a Pose: No Stereotype Backlash for Power Posing Women." *Frontiers in Psychology* 7 (2016): 1463.

12. Carney, DR, Cuddy, AJ, and Yap, AJ. "Power posing: brief nonverbal displays affect neuroendocrine levels and risk tolerance." *Psychological Science* 21, No. 10 (2010): 1363–1368.

13. Scheepers, Daan, Charlotte Röell, and Naomi Ellemers. "Unstable Power Threatens the Powerful and Challenges the Powerless: Evidence from Cardiovascular Markers of Motivation." *Frontiers in Psychology* 6 (2015): 720.

第三部分　一天中其他时间的机会

第十三章　锻炼是一剂良药

1. Church, TS, Earnest, CP, Skinner, JS, and Blair, SN. "Effects of different doses of physical activity on cardiorespiratory fitness among sedentary, overweight or obese postmenopausal women with elevated blood pressure: a randomized controlled trial." *JAMA* 297, No.19 (2007): 2081–2091.

2. Lee, Duck-chul. "Leisure-Time Running Reduces All-Cause and Cardiovascular Mortality Risk." *Journal of the American College of Cardiology* 64, No.5 (2014): 472–481.

3. Driskell, James E., Carolyn Copper, and Aidan Moran. "Does mental practice enhance performance?" *Journal of Applied Psychology* 79, No. 4 (1994): 481.

4. Feltz, Deborah L., and Cathy D. Lirgg. "Self-efficacy beliefs of athletes, teams, and coaches." *Handbook of Sport Psychology* 2, No. 2001 (2001): 340–361.

5. Fransen, Katrien, Niels Mertens, Deborah Feltz, and Filip Boen. "'Yes, we can!' review on team confidence in sports." *Current Opinion in Psychology* 16 (2017): 98–103.

6. Wally, Christopher M., and Linda D. Cameron. "A randomizedcontrolled trial of social norm interventions to increase physical activity." *Annals of Behavioral Medicine* 51, No. 5 (2017): 642–651.

7. Willis, Leslie H. "Effects of Aerobic and/or Resistance Training on Body Mass and Fat Mass in Overweight or Obese Adults." *Journal of Applied Physiology* 113, No.12 (2012): 1831–1837.

8. Lebon, Florent, Christian Collet, and Aymeric Guillot. "Benefits of motor imagery training on muscle strength." *The Journal of Strength & Conditioning Research* 24, No. 6 (2010): 1680–1687.

9. Westcott, WL. "Resistance training is medicine: effects of strength training on health." *Current Sports Medicine Reports* No.4 (2012): 209–216.

10. Baker, Graham. "The Effect of a Pedometer-Based Community Walking Intervention 'Walking for Wellbeing in the West' on Physical Activity Levels and Health Outcomes: A 12-Week Randomized

Controlled Trial." *The International Journal of Behavioral Nutrition and Physical Activity* 5 (2008): 44.

11. Craig, Cora L, Christine Cameron, and Catrine Tudor-Locke. "Relationship between Parent and Child Pedometer-Determined Physical Activity: A Sub-Study of the CANPLAY Surveillance Study." *The International Journal of Behavioral Nutrition and Physical Activity* 10 (2013): 8.

12. Max, Emery J. "Enhancing Aerobic Exercise with a Novel Virtual Exercise Buddy Based on the Köhler Effect." *Games for Health Journal* 5, No.4 (2016): 252–257.

13. Williams, SE, Guillot, A., Di Rienzo, F., and Cumming, J. "Comparing self-report and mental chronometry measures of motor imagery ability." *European Journal of Sport Science* 15, No.8 (2015): 703–711.

14. Gu, Xiangli, Yu-Lin Chen, Allen W. Jackson, and Tao Zhang. "Impact of a pedometer-based goal-setting intervention on children's motivation, motor competence, and physical activity in physical education." *Physical Education and Sport Pedagogy* 23, No. 1 (2018): 54–65.

15. Lee, Bo-Ae, and Deuk-Ja Oh. "Effect of Regular Swimming Exercise on the Physical Composition, Strength, and Blood Lipid of Middle-Aged Women." *Journal of Exercise Rehabilitation* 11, No.5 (2015): 266–271.

第十四章 饮食很重要

1. Mozaffarian, Dariush, Tao Hao, Eric B. Rimm, Walter C. Willett, and Frank B. Hu. "Changes in diet and lifestyle and long-term weight gain in women and men." *New England Journal of Medicine* 364, No. 25 (2011): 2392–2404.

2. Geliebter, Allan. "Skipping Breakfast Leads to Weight Loss but Also Elevated Cholesterol Compared with Consuming Daily Breakfasts of Oat Porridge or Frosted Cornflakes in Overweight Individuals: A Randomised Controlled Trial." *Journal of Nutritional Science* 3 (2014): e56.

3. Kamada, Ikuko. "The Impact of Breakfast in Metabolic and Digestive Health." *Gastroenterology and Hepatology from Bed to Bench* 4, No.2 (2011): 76–85.

4. Geliebter, Allan. "Obesity-Related Hormones and Metabolic

Risk Factors: A Randomized Trial of Diet Plus Either Strength or Aerobic Training versus Diet Alone in Overweight Participants." *Journal of Diabetes and Obesity* 1, No.1 (2014): 1–7.

5. Eilat-Adar, Sigal. "Nutritional Recommendations for Cardiovascular Disease Prevention." *Nutrients* 5, No.9 (2013): 3646–3683.

6. Levitsky DA, Pacanowski CR. "Effect of skipping breakfast on subsequent energy intake." *Physiology and Behaviour* 119, (2013): 9–16.

7. Geliebter, "Skipping Breakfast."

8. Levitsky and Pacanowski, "Effect of skipping breakfast," 9-16.

9. Shreiner, Andrew B., John Y. Kao, and Vincent B. Young. "The Gut Microbiome in Health and in Disease." *Current Opinion in Gastroenterology* 31, No.1 (2015): 69–75.

10. Quigley, Eamonn M. M. "Gut Bacteria in Health and Disease." *Gastroenterology & Hepatology* 9.9 (2013): 560–569. Print.

11. Zhang, Yu-Jie. "Impacts of Gut Bacteria on Human Health and Diseases." Ed. Manickam Sugumaran. *International Journal of*

Molecular Sciences 16, No.4 (2015): 7493–7519.

第十五章 我们为什么需要睡觉?

1. Carter, Robert, and Donald E. Watenpaugh. "Obesity and obstructive sleep apnea: Or is it OSA and obesity?" *Pathophysiology* 15, No. 2 (2008): 71–77.

2. Swanson, Leslie M., J. Arnedt, Mark R. Rosekind, Gregory Belenky, Thomas J. Balkin, and Christopher Drake. "Sleep disorders and work performance: findings from the 2008 National Sleep Foundation Sleep in America poll." *Journal of Sleep Research* 20, No. 3 (2011): 487–494.

3. Consensus Conference Panel, Nathaniel F. Watson, M. Safwan Badr, Gregory Belenky, Donald L. Bliwise, Orfeu M. Buxton, Daniel Buysse et al. "Joint consensus statement of the American Academy of Sleep Medicine and Sleep Research Society on the recommended amount of sleep for a healthy adult: methodology and discussion." *Sleep* 38, No. 8 (2015): 1161–1183.

4. Scott, Linda D., Wei-Ting Hwang, Ann E. Rogers, Tami Nysse, Grace E. Dean, and David F. Dinges. "The relationship between nurse

work schedules, sleep duration, and drowsy driving." *Sleep* 30, No. 12 (2007): 1801–1807.

5. Kripke, D.F., Garfinkel, L., Wingard, D.L., Klauber, M.R. and Marler, M.R., 2002. "Mortality associated with sleep duration and insomnia." *Archives of General Psychiatry*, 59(2): 131-136.

6. Walker, Matthew P., and Els van Der Helm. "Overnight therapy? The role of sleep in emotional brain processing." *Psychological Bulletin* 135, No. 5 (2009): 731.

7. Xie, Lulu, Hongyi Kang, Qiwu Xu, Michael J. Chen, Yonghong Liao, Meenakshisundaram Thiyagarajan, and John O'Donnell. "Sleep drives metabolite clearance from the adult brain." *Science* 342, No. 6156 (2013): 373–377.

8. Dinges, David F., Martin T. Orne, Wayne G. Whitehouse, and Emily Carota Orne. "Temporal placement of a nap for alertness: contributions of circadian phase and prior wakefulness." *Sleep* 10, No. 4 (1987): 313–329.

9. Dinges, David F., and Roger J. Broughton, eds. *Sleep and Alertness: Chronobiological, Behavioral, and Medical Aspects of Napping*. Raven Press, 1989.

10. Baer, Ruth A. "Mindfulness training as a clinical intervention: A conceptual and empirical review." *Clinical Psychology: Science and Practice* 10, No. 2 (2003): 125–143.

11. Ong, Jason, and David Sholtes. "A mindfulness-based approach to the treatment of insomnia." *Journal of Clinical Psychology* 66, No. 11 (2010): 1175–1184.

12. Carter, K.S., Holliday, J., Holliday, A. and Harrison, C.K., 2018. "A Community-based Stress Management Program: Using Wearable Devices to Assess Whole Body Physiological Responses in Non-laboratory Settings." *Journal of Visualized Experiments*: (131).

13. Friedl, Karl E., Torbjorn J. Breivik, Robert Carter III, Dieter Leyk, Per Kristian Opstad, John Taverniers, and Marion Trousselard. "Soldier Health Habits and the Metabolically Optimized Brain." *Military Medicine* 181, No. 11–12 (2016): e1499–e1507.

14. Carter, Kirtigandha Salwe, and Robert Carter III. "Breath-based meditation: A mechanism to restore the physiological and cognitive reserves for optimal human performance." *World Journal of Clinical Cases* 4, No. 4 (2016): 99.

第十六章　像个大厨一样开始与结束一天：专业的神经科学

1. Narvaez, Darcia. "Human flourishing and moral development: Cognitive and neurobiological perspectives of virtue development." *Handbook of Moral and Character Education* (2008), 310.

2. The Chef's Brain. http://neurosciencenews.com/chef-neurobiology -6196/. Accessed on 2/28/2018.

3. Ibid.

4. Cerasa, Antonio, Alessia Sarica, Iolanda Martino, Carmelo Fabbricatore, Francesco Tomaiuolo, Federico Rocca, Manuela Caracciolo, and Aldo Quattrone. "Increased cerebellar gray matter volume in head chefs." *PLoS ONE* 12, No. 2 (2017): e0171457.

5. Falk, Dean. "New information about Albert Einstein's brain." *Frontiers in Evolutionary Neuroscience* (2009) May 4;1:3.

6. Hines, Terence. "Neuromythology of Einstein's brain." *Brain and Cognition* 88 (2014): 21-25.

7. Stillman, Jessica. "What Chefs Can Teach You About Starting

Your Day Right." https://www.inc.com/jessica-stillman/what-chefs-can-teach-you-about-starting-your-day-right.html. Accessed on February 21, 2018.

8. Friedman, Ron. "How to spend the first 10 minutes of your day." *Harvard Bus Rev*. June 19 (2014).

9. Chang, Chia-Yu, Der-Shin Ke, and Jen-Yin Chen. "Essential fatty acids and human brain." *Acta Neurol Taiwan* 18, No. 4 (2009): 231–41.

第十七章　注意你的生命能量：有关你的大脑和身体的古代智慧

1. Travis, Frederick T., and Robert Keith Wallace. "Dosha braintypes: A neural model of individual differences." *Journal of Ayurveda and Integrative Medicine* 6, No. 4 (2015): 280.

2. Prasher, Bhavana, Sapna Negi, Shilpi Aggarwal, Amit K. Mandal, Tav P. Sethi, Shailaja R. Deshmukh, Sudha G. Purohit et al. "Whole genome expression and biochemical correlates of extreme constitutional types defined in Ayurveda." *Journal of Translational Medicine* 6, No. 1 (2008): 48.

3. Dey, Subhojit, and Parika Pahwa. "Prakriti and its associations with metabolism, chronic diseases, and genotypes: Possibilities of new born screening and a lifetime of personalized prevention." *Journal of Ayurveda and Integrative Medicine* 5, No. 1 (2014): 15.

4. Mahalle, Namita P., Mohan V. Kulkarni, Narendra M. Pendse, and Sadanand S. Naik. "Association of constitutional type of Ayurveda with cardiovascular risk factors, inflammatory markers and insulin resistance." *Journal of Ayurveda and Integrative Medicine* 3, No. 3 (2012): 150.

5. Tripathi, Piyush Kumar, Kishor Patwardhan, and Girish Singh. "The basic cardiovascular responses to postural changes, exercise, and cold pressor test: do they vary in accordance with the dual constitutional types of Ayurveda?" *Evidence-Based Complementary and Alternative Medicine* (2011).

第十八章　最后的思考：你做好引领清晨、享受白天的准备了吗？

1. Huffington, Arianna. *My Morning Routine* blog, https://mymorning routine.com/arianna-huffington/. Accessed on February 15,

2018.

2. Angelov, Kosio. "What Barack Obama Can Teach You About Productivity." *High-Performance Lifestyle*. http://blog.highperformancelifestyle.net/barack-obama-productivity/. Accessed February 19, 2018.

3. Currey, Mason. "Naked calisthenics, air baths, head stands, and other strange artistic habits." *Slate*, http://www.slate.com/articles/arts/culturebox/features/2013/daily_rituals/benjamin_franklin_loved_to_compose_in_the_nude.html. Accessed February 19, 2018.

4. Currey, Mason. "Rise and shine: the daily routines of history's most creative minds." *The Guardian*, https://www.theguardian.com/science/2013/oct/05/daily-rituals-creative-minds-mason-currey. Accessed on February 19, 2018.

5. Currey, Mason. "Daily Rituals – Ludwig van Beethoven." *Meaning Ring*, http://meaningring.com/2015/03/31/daily-rituals-beethoven-by-mason-currey/. Accessed on February 19, 2018.

6. Shontell, Alyson. "12 Top Tech Executives Who Wake Up at the Crack of Dawn." *Business Insider*, https://www.inc.com/business-insider/12-top-tech-executives-who-are-morning-people.html. Accessed

on February 19, 2018.

7. Parr, Sam. "Jack Dorsey Wakes Up Every Morning at 5:00 AM." *The Hustle*, https://thehustle.co/jack-dorsey-morning-routine. Accessed on February 13, 2018.

8. Acevedo, Joyzel and Beier, Chris. "Kayak Founder: A Life Lesson I Wish I Could Tell My Younger Self." [Video File], Inc. Video, https://www.inc.com/video/kayak-founder-life-lesson-wish-i-could-tell-my-younger-self.html. Accessed on February 13, 2018.

9. McKay, Kate. "The Churchill School of Adulthood – Lesson #2: Establish a Daily Routine." *Art of Manliness*, https://www.artofmanliness.com/2014/12/15/the-churchill-school-of-adulthood-lesson-2-establish-a-daily-routine/. Accessed on February 19, 2018.

关于作者

罗伯特·卡特三世生于路易斯安那州查尔斯湖,是美国运动医学会(FACSM)成员、美国职业压力协会(FAIS)成员、美国陆军军官、人类综合生理学和行为方面的专家,在得克萨斯州立大学圣安东尼奥分校健康科学中心(University of Texas Health Science Center at San Antonio)、洛杉矶市的太平洋大学公共卫生与健康科学系(Public Health and Health Sciences at Los Angeles Pacific University)和马里兰大学营养系(Nutrition at the University of Maryland, University College)担任教职。卡特曾在德国、法国、阿富汗和华盛顿特区履行军职,并担任奥巴马政府的白宫军事社会副官。卡特拥有生物医学和医学生理学的博士学位,还有慢性病流行病学的公共卫生硕士学位。他被遴选为耶鲁博士后研究员,其间在马萨诸塞州波士顿市的哈佛大学公共卫生学院(Harvard School of Public Health in Boston)接受了环境流行病学的研究生训练。他曾在多个科学编委会中任职,并担任14家科学与医学杂志的科学评论员。他还是美国生理学会运动与环境事务委员会（Exercise and Environmental Committee of the American Physiological Society）的热能顾问。他已经在人为表现、以呼吸为基础的冥想、营养学、人对水的需求、创伤和环境医学等方面发表了100多篇同行评议的论文、专题书中的章节、摘要和报告，刊载过他的作品的杂志包括《新英格兰医学杂志》（*New England Journal of Medicine*）、《美国医学协会杂志》（*Journal of the American Medical Association*）、《营养综述》（*Nutrition Reviews*）和《应用生理学杂志》（*Journal of Applied Physiology*）。

基尔提·萨尔维·卡特，生于印度的浦那，在印度接受医学教育并担任重症监护医师，然后前往美国得克萨斯州完成公共卫生学的研究生训练。2010年，她在沃斯堡市的北得克萨斯大学健康科学中心（The University of North Texas Health Science Centre at Fort Worth）获得职业保健方面的公共卫生硕士学位。她也曾在整合生理学方面做过研究生工作。卡特医生是美国职业压力协会成员，在冥想和呼吸技巧方面有超过18年的经验，并在最近10年一直组织健康研讨会。她不仅对普通人群，而且对公司员工、教育工作者、中学生和大学生，还对诸如暴力频发地区的难民、城市中心学校中的受害者等特殊人群，都实施了压力管理和应变计划。她非常热衷于研究呼吸和冥想技巧对于改善人为表现的有效性。卡特医生曾在几家重要杂志上发表过有关人为表现、人类工程学和以呼吸为基础的冥想的研究成果,这些杂志包括《世界临床病例杂志》(*World Journal of Clinical Cases*)、《视觉实验杂志》(*Journal of Visual Experiments*)和《环境与公共卫生杂志》(*Journal of Environmental and Public Health*)。